KB248151

10년 후 대한민국

미래전략 보고서

이제는 삶의 질이다

10년 후 대한민국

미래전략 보고서

이제는 삶의 질이다

미래창조과학부 미래준비위원회, KISTEP, KAIST
대표저자 정재승

지식공감

미래창조과학부의 미래준비위원회는 2015년 7월에 10년 후 우리 사회가 당면할 이슈를 분석한 「미래이슈 분석보고서」를 발표하였습니다. 이 보고서에서 '삶의 질을 중시하는 라이프스타일'은 다른 이슈들과 가장 높은 연관관계를 가지는 것으로 분석되었습니다. 이러한 분석결과는 우리 사회가 삶의 질을 중시하는 방향으로 발전되어야 한다는 데 많은 국민이 공감하고 있다는 것을 보여주고 있습니다. 이에 삶의 질을 중시하는 우리 사회의 변화에 어떻게 대응해 나가야 할 것인가에 대한 미래전략을 미래준비위원회에서 마련하게 되었습니다.

그동안 우리나라 경제는 비약적으로 발전해 왔습니다. 가난에서 벗어나고자 하는 국민들의 노력과 함께 과학기술을 바탕으로 한 첨단산업의 육성이 성공적인 경제발전의 원동력이 되었습니다. 앞으로 이러한 성공이 국민들의 행복으로 이어질 수 있도록 경제발전과 더불어 삶의 질을 높이는 노력도 병행되어야 할 것입니다. 국가별 비교에서도 우리나라는 경제성장 정도에 비해서 삶의 질의 수준이 낮은 것으로 나타나고 있습니다. 또한, 우리 사회도 국민들의 개성화와 다양화를 존중하고, 윤리적 소비와 공유경제에 대한 인식이 확산되는 등 삶의 질을 중시하는 생활 패턴으로 전환되고 있습니다.

이번에 마련한 전략보고서에서는 이러한 삶의 질을 중시하는 국민들의 인식변화를 바탕으로 개인의 다양성이 존중되는 문화를 형성하고 삶의 질 향상을 위한 생애주기별 과제와 인프라 구축 등 포괄적인 미래전략을 제시하였습니다. 이를 통해 개인과 사회, 정부가 무엇을 준비해야 하는지에 대해 함께 고민하고, 특히 삶의 질을 제고하기 위한 과학기술과 ICT의 역할에 대해서도 방향을 제시하였습니다. 건강, 문화·편리, 환경 등 삶의 질을 결정하는 중요한 분야에서 과학기술과 ICT가 어떻게 대응해야 하는지 정부 차원의 전략과 제도 도출하였습니다.

이번에 마련된 전략보고서를 통해서 국민들의 삶의 질이 높아지고 행복한 사회로 발전해 나갈 수 있도록 방향을 제시해주신 '미래준비위원회'의 이광형 위원장님과 위원분들의 노고에 감사드립니다.

미래창조과학부 장관 최양희

　출판계에는 '베스트셀러는 사회현상이다'라는 말이 있다. 베스트셀러가 되기 위해서는 훌륭한 만듦새로 많이 팔리게 하는 것도 중요하지만, 이른바 시대정신에 부합하고 현 사회의 감추어진 욕망을 건드려주어야 한다는 것이다. 다시 말해, 베스트셀러를 살펴보면 시대상을 알 수 있다는 뜻이다.

　2015년 최고의 베스트셀러는 단연 기시미 이치로, 고가 후미타케의 『미움받을 용기』였다. 2015년에 유일하게 100만 부 이상 팔린 책이기도 하지만, 최장기 종합 베스트셀러 1위 기록까지 갈아치우면서 큰 화제가 됐다. 같은 저자의 책들이 앞다투어 번역되었고, 유사한 제목의 책들이 줄을 잇기도 했다.

　『미움받을 용기』는 철학자 기시미 이치로가 재해석한 알프레드 아들러의 심리학을 전기작가 고가 후미타케가 철학자와 청년의 대화 형식으로 풀어낸 책이다.

　알프레드 아들러는 20세기 초 오스트리아 빈에서 지그문트 프로이트와 함께 정신분석학을 공부했던 후배이자 동료 심리학자다. 그 후 프로이트와 다른 방식으로 세상을 바라보게 되면서 '개인심리학'이라는 독자적인 학문을 수립한 심리학 분야의 석학이다. 아들러는 '우리의 현재는 프로이트가 생각한 것처럼 과거의 성적 트라우마에 의해 결정되는 것이 아니라, 미래의 목표에 따라 얼마든지 달라질 수 있다'고 생각했다. 현재를 과거에 의해 결정된 것으로 보지 않고, 미래의 목표에 따른 가변적인 것으로 해석해 열등감을 극복하고 목표를 향해 정진하는 과정에서 자신만의 라이프스타일이 만들어진다고 간주했다. 그는 라이프스타일과 열등감이라는 단어를 처음 심리학 분야에 들여와 연구한 학자이기도 하다.

그렇다면 대중들은 왜 이 책에 열광했을까? 이 책의 무엇이 대중들의 숨겨진 욕망을 건드린 것일까? 책의 저자는 사회적인 기대와 개인의 목표가 서로 충돌할 때 사회로부터 미움을 받을지라도 자신의 목표에 충실하라고 권한다. 이때의 미움을 피해야 할 부정적인 것으로 보지 말고 기꺼이 받아들이라고 용기를 북돋워 주고 있다. 바로 이 대목이 대중의 마음을 어루만져 준 것이다.

좋은 대학에 들어가 취직하고, 결혼하고 아이를 낳는 것은 사회가 구성원들에게 요구하는 기대다. 그러나 전 세계적으로 경기 침체가 장기화되고, 실업률이 높아가고 있는 이 시대에, 요즘 젊은이들에게 그것은 충족하기 쉬운 기대가 아니다. 실업률이 높다 보니, 연애와 결혼을 미루고, 아이를 낳거나 집을 장만하는 건 포기해야 할지도 모르는 불안감에 젖어있다. 그나마 취직이 되더라도 대부분 비정규직이어서 안정적이지도 못해 싱글을 유지하는 젊은이들이 크게 늘고 있다. 전통적인 가족관이나 사회적 통념과 비교하자면, 그들의 삶은 패배자의 삶에 가깝다.

상황이 이렇다 보니 젊은이들은 '사회적 성취 혹은 성공'을 인생의 목표로 잡기보다는, 현재의 조건에서 내가 가장 행복할 수 있는 목표를 정하고 매진하려고 한다. 혼자 살더라도 여행으로 인생의 즐거움을 찾고, 승진이 보장된 고연봉의 직장이 아니더라도, 내가 하고 싶은 의미 있는 일을 하며 살고 싶어 한다. 하지만 그러기 위해서는 가족과 친지들에게, 친구와 동료들에게 수많은 잔소리와 질책을 들어야 하고, 그들에게 변명을 늘어놓아야 한다. 우리 시대의 평균적인 삶에 맞추기보다는, 자신의 삶의 질을 추구하려고 미움받을 용기를 내는 것이다. 설령 그들에게 미움을 사더라도 내 갈 길을 가기 위해 용기를 내어야 한다고 타이르는 아들러의 심리학이 그들의 마음에 와 닿은 모양이다.

미래창조과학부 산하 미래준비위원회는 2015년 초부터 지난 1년간 10년 후 대한민국의 미래를 예측하고, 우리가 원하는 미래상을 위해 정부가 어떤 미래전략을 추진해야 하는지 살펴보았다. 10년 후 미래 사회에서 가장 중요해질 사회 이슈들을 뽑아내고, 이 중에서 특별히 중요한 이슈 두 가지에 대해 구체적인 미래전략을 만드는 작업을 진행하였다. 그중 하나가 바로 '삶의 질을 중시하는 라이프스타일'이 대두될 대한민국의 미래를 위해 미래전략을 구성하는 일이었다. 앞으로 10년 후, 대한민국을 이끌어갈 세대는 '미움받을 용기'를 더 요구할 '삶의 질' 세대라는 점을 주목한 것이다.

전문가들로 구성된 미래준비위원회 산하 소위원회는 2025년 대한민국 국민들이 경쟁주의와 경제성장 중심의 사고에서 벗어나, 물질적 풍요로움과 정신적 행복을 함께 추구하는 삶을 살려고 노력할 것으로 내다보았다. 그러기 위해서는 '다양성의 존중'을 가장 중요한 가치로 내다보았다. 수월성 경쟁과 한 줄 세우기에서 벗어나, 개인의 개성을 중시하는 다양성 문화가 창의성 사회로 나아나가는 방법이라고 믿고 이를 위한 미래전략을 설계해보았다.

개인의 건강과 여가의 다양한 활용 또한 삶의 질을 중시하는 사회가 필수적으로 가져야 할 덕목이라는 데 이견이 없다. 환경과 에너지 측면에서 깨끗하고 청정한 사회, 범죄와 재난의 위험으로부터 안전한 사회가 삶의 질을 담보한다는 데도 이견은 없다. 이를 위한 미래전략도 필수라고 내다보았다.

본 보고서가 완성될 수 있도록 애써주신 미래부, 미래준비위원회, 미래준비위원회 산하 소위원회, ㈜기술과 가치 등에 특별히 감사드린다. 덧붙여, 원고작업에 참여해주신 이승규(KISTEP 부연구위원), 최문정(KISTEP 선임연구위원), 김건화(한국기초과학지원연구원 책임연구원), 정초록(한국생명공학연구원 책임연구원), 김장환(한국생명공학연구원 책임연구원), 이상래(한국생명공학연구원 책임연구원), 이창수(한국생명공학연구원 책임연구원), 김재홍(한국전자통신연구원 책임연구원), 최정단(한국전자통신연구원 책임연구원), 고경석(한국지질자원연구원 책임연구원), 안국영(한국기계연구원 책임연구원), 김은동(한국전기연구원 책임연구원), 정일래(한국원자력연구원 책임연구원), 김연수(충남대학교 교수), 손종렬(고려대학교 교수), 원유재(IITP CP), 박병원(STEPI 연구위원) 등께 진심으로 감사드린다.

본 보고서는 미디어 분석, 설문조사, 전문가 인터뷰 등 다양한 방법을 통해 2025년 대한민국의 미래를 예측하고, 이상적인 미래상에

도달하기 위한 정부의 미래전략 준비를 위해 만든 보고서라는 점에서 특히 의미 있는 작업이었다고 생각한다.

미래는 현재와 공유될 때 구체적인 현실로 창조된다. 우리의 보고서가 많은 시민에게 읽히고 다음 세대에게 공유될 때, 비로소 구현 가능한 현실로 다시 태어날 것이다. 이미 마음은 미래에 닿아있는 오늘의 시민들에게 흥미롭게 읽히는 보고서가 되길, 미래 국민의 행복을 가장 중요한 사명이라 여기는 정부에 널리 참고가 되길 진심으로 바란다.

미래준비위원회 위원장 이광형(KAIST 미래전략대학원)
미래준비위원회 대표저자 정재승(KAIST 바이오및뇌공학과)

제 1 장

'삶의 질을 중시하는 라이프스타일'이란?

01절

'삶의 질 라이프스타일'을 위한
미래전략 추진배경

미래창조과학부는 2014년 12월 미래준비위원회(위원장 이광형 KAIST 교수)를 발족하고, 10년 후 대한민국에서 가장 크게 영향을 미칠 사회적 이슈들을 미리 예측해 발굴하고, 이에 대해 국가적으로 대비하는 미래전략을 제안하고자 지난 1년간 활동해 왔다.

미래준비위원회가 상반기 활동을 정리하고 2015년 7월에 정리해 출간한 '미래이슈 분석보고서'에 따르면, 앞으로 10년 뒤 우리 사회에 가장 중요한 영향을 미칠 10대 이슈들로 저출산·초고령화, 불평등 문제, 미래세대 삶의 불안정, 고용불안, 국가 간 환경영향 증대, 사이버 범죄, 에너지·자원 고갈, 북한과 안보·통일문제, 기후변화·자연재해, 저성장과 성장전략 전환 등이 제안되었다.

특히 미래세대 삶의 불안정과 고용불안을 포함해, 산업구조의 양극화, 다문화 확산 등은 여러 전문가에 의해 향후 10년 우리 사회에 발생 가능성이 매우 높고 매우 큰 영향을 미칠 현상으로 제기되었다.

　따라서 본 보고서에서는 이와 관련된 미래사회의 변화를 표현하는 가장 포괄적인 개념으로서 '삶의 질을 중시하는 라이프스타일'을 상정하고 이를 위한 미래전략을 제안하고자 한다. '삶의 질을 중시하는 라이프스타일'은 전통적 가족개념 변화, 저출산·초고령화 사회, 다문화 확산, 사회안전망 부재와 불평등 이슈, 난치병 극복, 일과 삶의 균형, 학력중심 경쟁적 교육, 창조적인 사회로의 이행, 산업구조 양극화 등 현재뿐 아니라 향후 10년 후 우리 사회의 다양한 이슈들과 맞물려 있어, 이에 대한 구체적인 미래전략과 정책이 절실히 필요하다는데 의견을 같이하였다.

　'삶의 질을 중시하는 라이프스타일'은 재난과 사고에 대비하고 건강과 생활편의성을 증진시킬 것으로 기대되는 웨어러블 디바이스, 사물인터넷, 가상현실, 인공지능, 빅데이터 등의 과학기술과 긴밀한 연관관계를 갖는 이슈이기도 하다. 이에 미래준비위원회는 '삶의 질을 중시하는 라이프스타일'로 전환될 10년 후 미래사회를 정교하게 예측하고, 과학기술을 함께 고려하여 대응해 나가는 포괄적 접근 전략을 마련하고자 본 보고서를 준비하였다.

02절

'삶의 질' 정의 및
미래전략의 필요성

'삶의 질(quality of life)'이란, 한 사회의 시민들, 혹은 한 나라의 국민이 얼마나 인간다운 삶을 영위하고 있는가를 나타내는 지표를 말한다. 국민이 얼마나 물질적으로 풍요롭고 정신적으로 행복한 삶을 살고 있는가를 경제·사회·문화·환경 등 다양한 측면에서 포괄적으로 척도화한 지표다. 흔히 '삶의 만족도'와 유사한 개념으로 사용하고 있다.

특히, '삶의 질'을 고려한다는 것은 생존과 안전, 물질적인 풍요에 초점을 맞추던 과거의 생활방식에서 벗어나, 행복하고 인간다운 삶을 좀 더 강조한다는 의미이다. 실제로, 서구에서도 국민의 실질소득은 늘었지만 행복하다고 대답하는 사람들의 수가 줄어들면서 '물질적 풍요만으로 행복하고 인간다운 삶을 영위할 수 없음'을 깨닫고, 향후 국가의 예산 책정 및 의사결정을 위한 주요 지표로 '삶의 질'이라는 개념을 도입하게 됐다.

그간 대한민국은 현재까지 이루어 온 경제성장에 비해 삶의 질 향상은 상대적으로 미진하다는 인식이 지배적이다. 최빈국 지위에서 시작하여 삶의 질 향상을 위한 선결조건으로 경제성장을 추구하여 우수한 성과를 달성한 것은 강조할 필요 없는 사실이다.[1] 하지만 '이스털린의 역설'[2]이 말하는 바와 같이, 경제성장이 일정 수준에 다다른 후부터는 경제성장 자체가 삶의 질 향상을 담보하지 않는다. 따라서 삶의 질을 높이기 위한 정부의 구체적이고 각별한 노력이 필요하다.

현재 우리나라 '삶의 질'은 전 세계 기준으로 보면 크게 열악하지는 않다. 우리나라 1인당 GDP는 27,950달러로서, 173개국 중 32위이며, 삶의 질은 OECD 삶 만족도 평가 결과 5.80점(OECD 평균 6.58점)으로 OECD 34개국 중 27위이다. 그리고 한국노동패널조사(KLIPS)에 의한 '생활만족도' 지표 또한 꾸준히 상승하거나 유지되고 있는 추세다.

그러나 OECD 기준이 아닌 비슷한 경제 규모의 전 세계 다른 나라들과 비교해보면, 우리나라 삶의 질은 가장 낮은 그룹에 속한다고 볼 수 있다. 특히 노인빈곤, 불평등, 양극화, 사회안전망 부재 등이 삶의 질을 저해하는 요인으로 지적돼 왔다. KDI의 연구결과에 따르면, 연도별 생활만족도는 '98년부터 꾸준히 증가한 반면, 연령대별 생활만족도의 경우, 나이가 들수록 생활만족도는 감소하였다.

---

1) 1인당 GDP는 '60년 155.6달러(81위/126개국)에서 '14년 27,970.5달러 (32위/173개국)로 증가
2) 소득이 일정 수준에 달하고 기본적인 욕구가 충족되면 추가적인 소득 증대가 행복에 큰 영향을 미치지 않는다는 이론

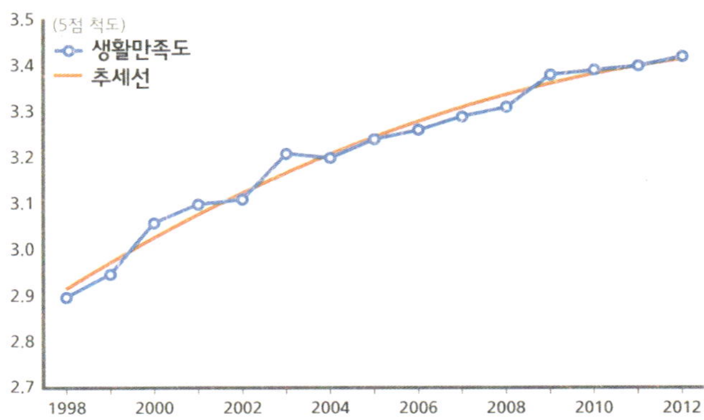

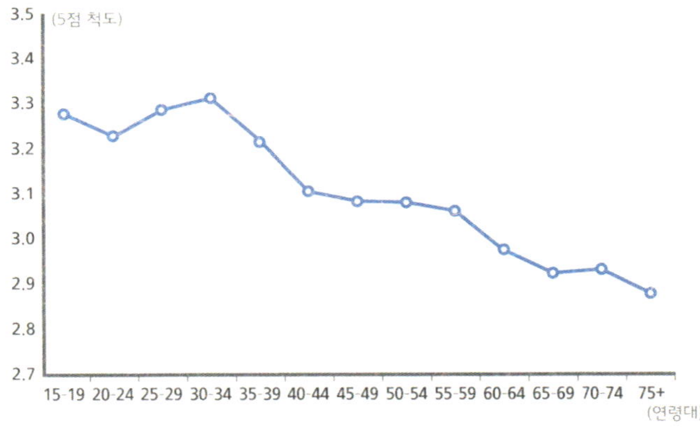

※자료: Shun Wang, Measuring and Explaining Subjective Well-being in Korea, 2014

　향후 10년 후, '삶의 질'은 두말할 나위도 없이 정부가 국가를 운영하는 데 있어 가장 중요하게 고려해야 할 요소가 될 것이다. 정부의 존재 이유는 '국민 행복'에 있기 때문이다.

그런데 본 보고서가 '삶의 질' 자체가 아니라 '삶의 질을 중시하는 라이프스타일'을 미래전략을 위한 핵심 이슈로 정한 것은 '삶의 질'이 국가가 국민 행복을 위해 고려하는 지표로서만이 아니라, 국민 개개 인이 자신의 삶을 설계하고 의사결정을 할 때 가장 중요한 판단요소 로 작용하는 시대가 빠르게 도래할 것이라는 예측에서다. 다시 말 해, 삶의 질에 대한 국민적 인식이 점점 높아지고 있다는 뜻이다. 물 질적 풍요만이 아니라 일과 삶의 균형을 중시하고, 전통적 가치보다 다양한 개인적 가치를 존중하고, 사회적 구성원으로서의 역할보다 개인의 취향이나 철학에 따른 라이프스타일을 더욱 중시할 것이라 는 얘기다.

이런 변화가 가속화될 것으로 보는 이유는 장기적인 경제 침체로 경제성장 중심적 사고보다는 일과 삶의 균형에 대한 요구가 증대될 것이며, 성실과 효율만 강조하는 업무 스타일보다는 창의성을 향상 하는 업무 스타일이 경제 도약에 절실히 필요하기 때문이다. 전통적 인 가족 공동체가 붕괴하고, 싱글족 등을 포함해 다양한 삶의 형태 가 공존하며, 다문화의 확산과 개인주의의 증대는 다양성의 존중이 라는 새로운 가치관을 요구하는 사회로 나아가게 할 것이다.

과도한 경쟁주의와 수월성 중심의 평가가 오랫동안 대한민국 교 육계의 문제를 만들어냈으나, 더 이상 경쟁중심의 사고가 국제사회 에서 경쟁력을 갖게 되지 못함에 따라 혁신을 이루는 새로운 패러 다임인 개인의 다양성을 존중하는 문화, 공존·상생의 가치를 지향 하는 문화, 과정을 중시하고 동기와 의미를 찾는 문화가 향후 개인 삶의 중요한 판단지표로 자리하게 될 것이다. 장기적인 경기 침체는 소유 중심적 소비에서 공유 경제를 통한 나눔 패러다임으로 변화를 야기할 것이다.

본 보고서에서는 '삶의 질을 중시하는 라이프스타일'로의 이행을 미디어 분석, 설문조사, 전문가 인터뷰 및 토론 등을 통해 다양하게 예측하고, 이를 위한 미래전략을 제안하고자 한다. 특히 '삶의 질을 중시하는 라이프스타일'로 전환될 10년 후 미래사회를 과학기술도 고려하여 대응해 나가는 포괄적 접근 전략을 마련하고자 한다.

'삶의 질'을 중시하는 미래사회 전략에 대한 해외사례

삶의 질의 중요성이 부각되고 GDP 중심의 경제지표가 국민생활 수준을 충분히 반영하지 못하는 한계가 드러나면서, 종합적인 지표를 개발하여 사회발전 및 삶의 질을 측정하고자 하는 노력이 국제적으로 확산되었다. 다양한 목적에 따라 삶의 질이 정의되고 방법 및 지표가 개발되어 측정이 실시되고 있다. [3]

경제협력개발기구(OECD)의 '더 나은 삶의 지수'(BLI; Better Life Index)는 OECD 회원국을 대상으로 ①주거, ②환경, ③건강, ④소득, ⑤고용, ⑥사회적 관계, ⑦교육, ⑧사회참여, ⑨치안, ⑩생활만족도, ⑪일과 생활 균형의 11개 영역의 24개 세부지표로 조사를 실시하여 각 국가의 삶의 질 수준을 파악하고 비교한다.

유엔개발계획(UNDP)의 인간개발지수(HDI; Human Development Index)는 전 세계 국가를 대상으로 ①건강한 장수(수명), ②지식(교육수준), ③적정한 삶의 수준(생활수준)의 세 가지 차원에서 삶의 질을 종합적으로 평가한다.

---

3) 국민 삶의 질 지표 보도자료, 통계청, 2014

글로벌 웰빙지수(Global Well-being Index)는 미국 여론조사기관 갤럽과 보건 컨설팅 기업 헬스웨이가 세계 145개국 총 14만6천 명을 대상으로 주관적인 설문조사로 삶의 질 순위를 매긴 보고서이다. ①삶의 목표, ②사회관계, ③경제상황, ④공동체의 안전 및 자부심, ⑤건강의 지표를 이용하였다.

영국 신경제재단(NEF)이 발표하는 행복지수(HPI: Happy Planet Index)는 GDP를 비롯하여 소득 및 경제적 조건을 배제하고 ①주관적 생활만족도, ②평균수명, ③생태발자국의 세 가지 차원으로 구성된다.

스위스 국제경영개발원(IMD)은 1989년부터 매년 전 세계 국가를 대상으로 국가경쟁력을 측정하여 순위를 발표하는데, 여기에 설문조사를 바탕으로 한 삶의 질 지표를 포함하고 있다.

<국제적인 삶의 질 지표 사례>

프로젝트	BLI (Better Life Index)	HDI (Human Development Index)	Global Well-being Idex	HPI (Happy Planet Index)	IMD 국가경쟁력
시작년도	2011	1990	2005	2006	1989
작성목적	물질적 생활조건, 삶의 질 및 지속가능성을 세 가지 축으로 하는 전반적 삶의 웰빙 수준 평가	각 국가의 수명, 교육수준, 생활수준 등 세 가지 차원으로 삶의 질 평가	5개 항목에서 사람들이 삶에서 느낀 점을 설문조사로 반영하여 평가	지속가능성을 고려하여 삶의 행복지표, 환경오염지표, 기대지수 등을 반영	삶의 질이 높을수록 그 국가에 대한 매력이 증가
작성기관	OECD	UNDP	Gallup	NEF	IMD
특징	·주관 및 객관적 지표를 망라한 11개 분야 25개 지표 ·시계열 변화와 국제비교 가능한 '95~'09년의 자료와 지표 제공	·평균수명, 교육정도, 교육기회, 1인당 GDP 등 객관적인 지표로 측정된 종합지수에 따라 국제비교 보고서 매년 발표	·5개 평가지표 선정(삶의 목표, 사회, 경제, 공동체, 육체) ·객관적 수치로 통계를 낸 것이 아닌 주관적인 설문조사	·주관적 생활만족도, 평균수명, 생태발자국 등 세 가지 차원으로 구성 ·소득 및 경제적 조건 배제	·설문조사 결과를 바탕으로 순위 산출 ·국가 경쟁력 지표로 활용

※자료: 강희종, 삶의질과 과학기술, 과학기술정책 SEP-OCT 2007, 통계청 보도자료, 국민 삶의 질 지표, 2014.6.30

　　우리나라 국민이 인식하는 삶의 질은 어느 정도로 나타나고 있을까? OECD의 2005~2014년 경제전망 자료에 따르면, 우리나라는 이 기간에 연평균 3.7%의 경제성장률을 보였으며 이는 OECD 34개국 중 6위에 해당하는 기록이다. 또한 국제통화기금(IMF)이 발표한 2015년 기준 GDP는 189개국 중 상위권에 속하는 11위를 차지하고

있다. 그러나 삶의 질을 측정하는 OECD의 Better Life Index는 36
개국 중 27위, UNDP의 HDI는 187개국 15위, IMD의 삶의 질 지표
는 61개국 중 40위, NEF의 HPI는 151개국 중 63위를 차지하며 경
제력에 비해 낮은 수준을 보이고 있다.

<우리나라 삶의 질 순위>

구분	BLI (Better Life Index)	HDI (Human Development Index)	Global Well-being Index	HPI (Happy Planet Index)	IMD 국가 경쟁력
조사년도	2015	2014	2014	2012	2015
우리나라 순위	27위/36	15위/187	117위/145	63위/151	40위/61

삶의 질을 중시하는 라이프스타일이 지배할 10년 후 미래에 과학
기술은 무엇을 할 수 있을까? 유럽연합(EU)은 2001년 이후 유럽의
경쟁력 강화 및 삶의 질 제고를 위해 지속가능한 발전 전략을 수립
하였다.[4] 이 발전 전략에 따라 현재와 미래세대의 삶의 질을 지속적
으로 향상시키기 위하여 경제, 사회, 환경 분야의 조화로운 발전이
필요하다고 강조하고 이를 정책 수립에 적극 반영하고 있다. 최근
EU는 연구 혁신 프로그램인 Horizon 2020을 통해 과학기술 발전을
강조하고 유럽의 경쟁력 제고, 일자리 창출, 삶의 질 향상의 목표
를 설정하였다. Horizon 2020의 중점분야로 사회적 도전과제(Social
Challenges)를 포함하여 건강, 인구변화, 식품안전, 에너지, 교통시
스템, 기후변화, 안전 관련 연구개발 프로그램을 추진하고 있다. 이

4) 기술기반 삶의 질 제고방안 후속연구, 한국표준과학연구원, 2007

중 사회 속의 과학(SIS; Science in Society) 프로그램에서는 연구기획 및 정책방향 설정 시, 시민단체, 산업계 및 기타 이해당사자들의 참여를 장려하여 유럽의 경쟁력 강화뿐 아니라 삶의 질 향상에 기여할 수 있도록 노력하고 있다.

미국은 2006년 삶의 질 기술센터(QoLT; Quality of Life Technology Center)를 설립하여 삶의 질 관련 기술 연구를 적극적으로 추진하였다. 기술을 통한 삶의 질 향상을 선도하는 세계 대표 연구소를 육성시키겠다는 목표로 노인과 장애인 대상 기술개발에 집중 투자하였다. 오바마 정부의 혁신전략에서도 지속가능한 성장과 고용의 질이라는 아젠다 내에서 관련 투자의 연속성을 유지하는 추세이다. 특히, 미국과학재단(NSF; National Sciene Foundation)은 질병보다는 건강, 과학과 사회의 관련성을 중시한 SHB(Smart Health & Wellbeing), STS(Science, Technology & Society), 사회혁신기금(Social Innovation Fund) 등의 프로그램을 추진하고 있다.

일본의 경우, 2001년 사회문제해결을 목표로 하는 일본 사회기술연구개발센터(RISTEX; Research Institute of Science and Technology for Society)를 설치하였다. 과학기술의 사회적 역할과 삶의 질에의 기여를 강조하며, 온난화방지, 환경공생사회 구축, 범죄로부터 어린이 보호 등 사회적·공익적 기술을 창출하였다.[5] 제4기 과학기술기본계획('11)은 질 높은 국민생활을 실현하는 나라를 지향하며 '지속적인 성장과 사회발전의 실현', '일본이 직면한 중요과제에 대응' 등을 포함한다. 또한 과학기술 이노베이션 종합전략('14)에서도 과학기술혁신을 통한 사회문제 극복의 장기비전을 제시하고 있다.

5) 첨단 과학기술이 사회를 바꾼다, 사이언스타임즈, 2010.05.20.일자 기사

독일은 '국민 모두에게 건강을!(Gesundheit für alle!)'이라는 국민건강증진 프로그램에서 특정 계층이나 특정 환자를 위한 것이 아닌 국민 모두의 건강을 위한 연구개발을 진행하여 왔다. 실제 이를 위하여 독일 연방 교육연구부(BMBF)는 '11~'14년까지 5.5억 유로를 지원하였다. 또 최근 첨단기술전략('14)에 '혁신적인 일터', '건강한 삶의 방식', '지능형 운송시스템' 등을 포함하는 등 삶의 질과 관련된 과학기술에 지속적인 관심을 기울이고 있다.

네덜란드는 범부처 사업으로 에너지, 물, 보건, 교육, 지속가능한 발전, 안전과 안보 등 사회문제에 대응하기 위한 '사회적 혁신 정책 아젠다'를 발굴해서 추진하였다. 연안보호 프로젝트인 Flood Control 2015, 생태 디자인 관련 프로젝트인 Building with Nature 등이 대표적인 예이다.[6][7]

------

6) 소외계층 삶의 질 향상을 위한 과학기술, 과학기술정책연구원, 2010
7) 기술기반 삶의 질 제고방안 후속연구, 한국표준과학연구원, 2007

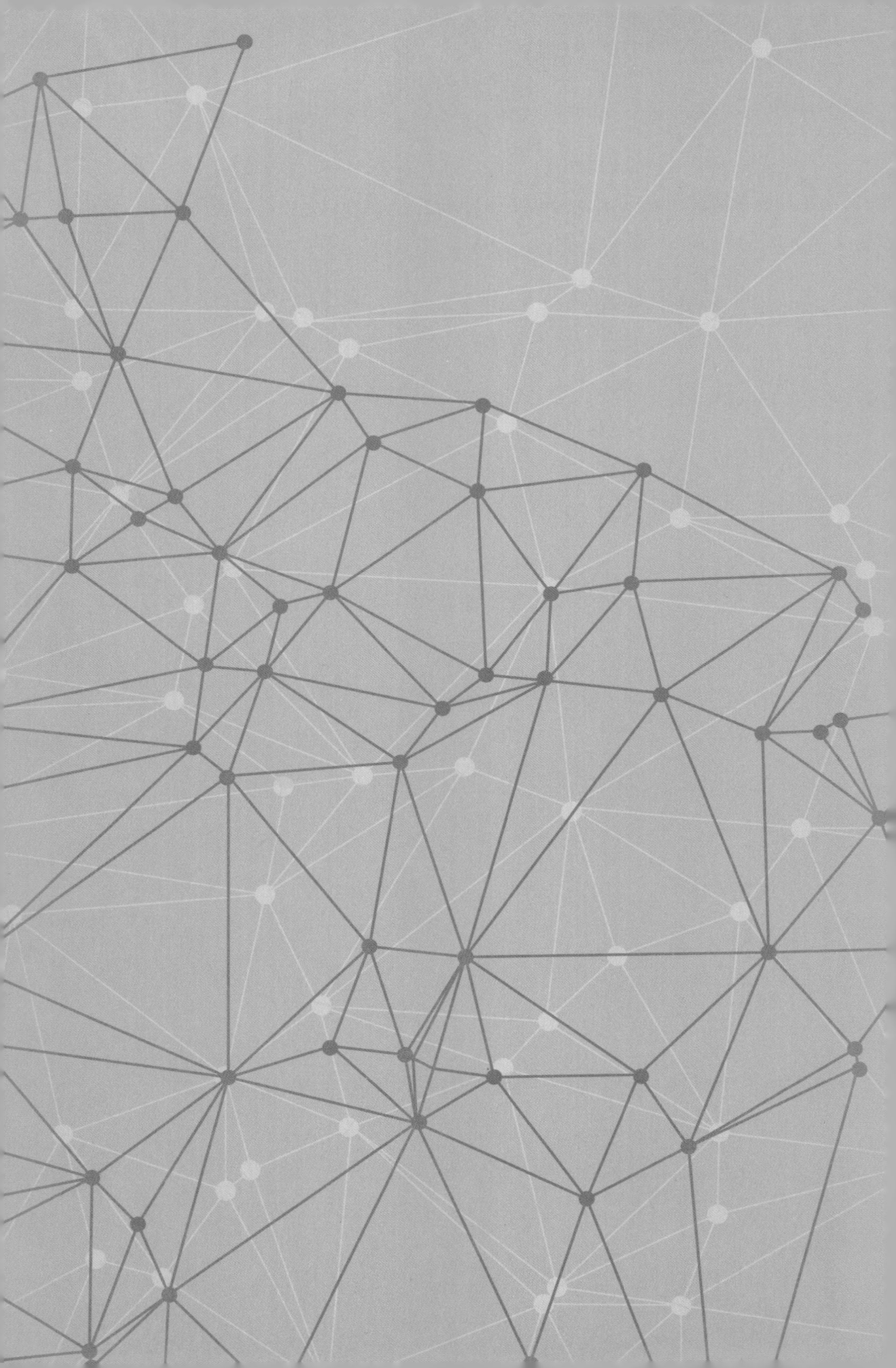

제**2**장

라이프스타일 변화추세

01^절

향후 대한민국 사회변화 추세

:1: 인구구조의 변화

◆ 전 세계적인 고령화 추세와 우리나라의 급격한 고령화

10년 후 미래사회의 예측에 있어 가장 주목해야 할 변화로 인구 분포의 변화가 꼽힌다. 고령인구가 증가하는 추세는 전 세계 194개 국 중 186개국에서 나타나는데, 우리나라는 초저출산의 지속, 기대 수명의 연장, 베이비붐 세대의 고령인구 진입 등으로 유례없이 빠른 속도로 고령화가 진행되고 있다. 우리나라는 2000년에 고령화 사회 (고령인구 비율 7% 이상)로 진입한 이후 26년만인 2026년에 초고령 사회(고령인구 비율 20% 이상)로 진입할 것으로 전망된다. 미국, 프랑스 등의 선진국들이 고령화 사회 진입 후 초고령 사회 진입에 70년 이상 걸린 것에 비하면 급속한 진행을 겪고 있는 것이다.

<table>
<thead>
<tr><th rowspan="2"></th><th colspan="3">도달년도</th></tr>
<tr><th>고령화 사화(7%)</th><th>고령사화(14%)</th><th>초고령사회(20%)</th></tr>
</thead>
<tbody>
<tr><td>미국</td><td>1942년</td><td>2014년(72년)</td><td>2030년(16년)</td></tr>
<tr><td>영국</td><td>1929년</td><td>1975년(46년)</td><td>2025년(50년)</td></tr>
<tr><td>독일</td><td>1932년</td><td>1972년(40년)</td><td>2008년(36년)</td></tr>
<tr><td>프랑스</td><td>1864년</td><td>1978년(114년)</td><td>2019년(41년)</td></tr>
<tr><td>일본</td><td>1970년</td><td>1995년(25년)</td><td>2006년(11년)</td></tr>
<tr><td>한국</td><td>2000년</td><td>2017년(17년)</td><td>2026년(9년)</td></tr>
</tbody>
</table>

주 1) %는 65세 이상 인구 비중
주 2) 괄호 안은 소요년수

〈고령화율 및 인구성장률 전망〉

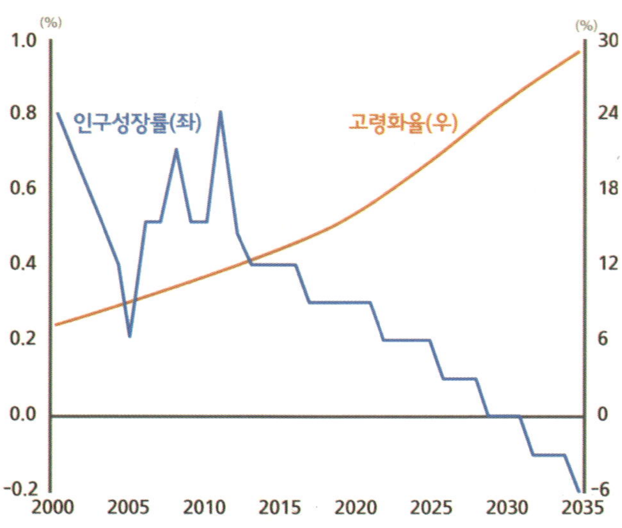

※자료: 현대경제연구원, 2020년 인구 효과에 따른 소비구조 전망, 2014
  주 3) 고령화율 = (65세 이상 인구) / (총인구)

◆ 생산가능인구 감소로 인한 부양부담가중

통계청에서 발표한 「세계와 한국의 인구현황 및 전망」을 살펴보면, 저출산·고령화로 인해 전 세계적으로 생산가능인구 비중은 감소하면서 고령인구의 비중은 급격히 증가하고 있다. 특히, 우리나라는 이러한 추세가 더욱 급속도로 진행될 전망이다. 우리나라의 총부양비, 즉 생산가능인구 1백 명당 피부양인구(유소년인구 및 고령인구)는 2015년 현재 37명에서 2060년 101명으로 증가하고, 이 중 생산가능인구 1백 명당 고령인구를 뜻하는 노년부양비는 2015년 12.5명에서 2060년 28.3명으로 2배 이상의 증가가 예상된다.

〈2015~2060년 세계와 한국의 인구구조〉

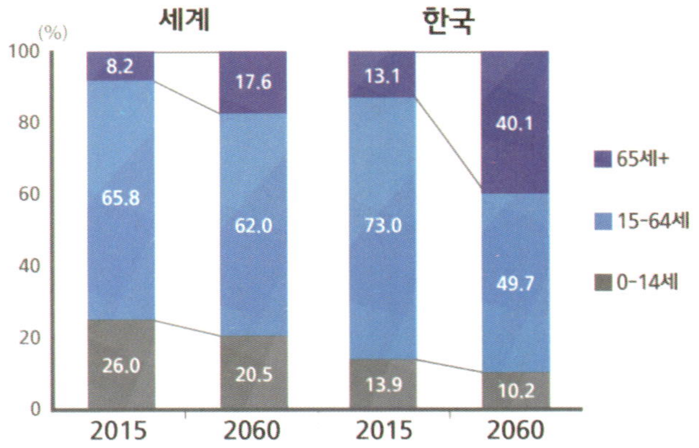

※자료: 통계청, 세계와 한국의 인구현황 및 전망, 2015.7.8 (보도자료)

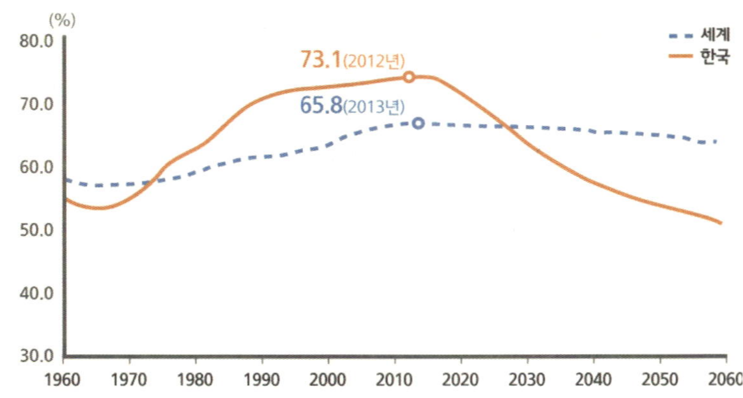

※자료: 통계청, 세계와 한국 인구현황 및 전망, 2015.7.8 (보도자료)

그러면서 노년층의 돌봄 문제가 심각한 사회문제로 대두되고 있다. 2015년 OECD 자료에 따르면, 우리나라 65세 이상 노인 평균 빈곤율은 49.6%로 2명 중 1명이 빈곤에 시달리고 있음을 보여준다. 이는 OECD 평균(12.4%)의 4배에 달하는 심각한 수준이다. 이는 직접적인 부양의무를 지는 중장년층이 안정적인 노후준비를 할 수 없게 되는 문제로 연결된다. 2013년 통계청 사회조사에 따르면, 60세 이상의 51.6%만이 노후준비를 하고 있다고 응답했다.

◆ 다양한 가족형태의 등장 및 가구 수의 증가

고령화와 함께 전통적 가족형태가 약화되면서 다양한 가족형태가 등장하고 있다는 점에 주목할 수 있다. 통계청 자료에 따르면, 전통적인 3세대 이상 가구는 점점 감소하면서 1인가구가 증가하고 있다.

3세대 이상 가구 비율은 1990년 12.5%에서 2010년에는 6.1%까지 감소하였다. 반면, 싱글족으로 일컬어지는 1인가구의 비율은 1990년 9.0%에서 2010년 23.8%로 2.6배 증가하였다. 이에 따라 가구수도 2010년 1,735만9천 가구에서 2035년에는 2,226만1천 가구로 1.3배 증가할 것으로 전망된다.(통계청, 2010~2035 장래가구추계).

1인가구 증가의 원인은 다양하게 제시된다. 대표적인 것으로 청년층의 취업률 저하로 인한 초혼연령 상승, 개인주의적 가치관 심화로 인한 결혼 및 이혼에 대한 인식의 변화, 노년기에 배우자와 이혼 또는 사별 후 독거기간 증가 등을 들 수 있다.[8]

〈일반가구의 평균 가구원수 및 가구수(1990~2010)〉

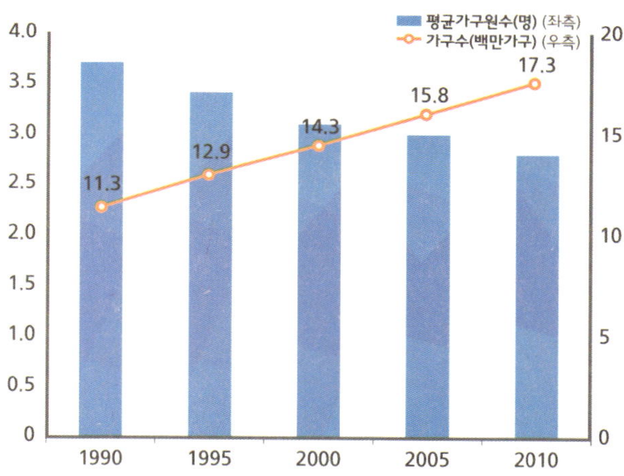

※자료: 통계청, 2010 인구주택총조사 전수집계결과(가구주택부문), 2011.7.9 보도자료

---

8) 가족구조 변화와 정책적 함의: 1인가구 증가현상과 생활실태를 중심으로, 한국보건사회연구원, 2014

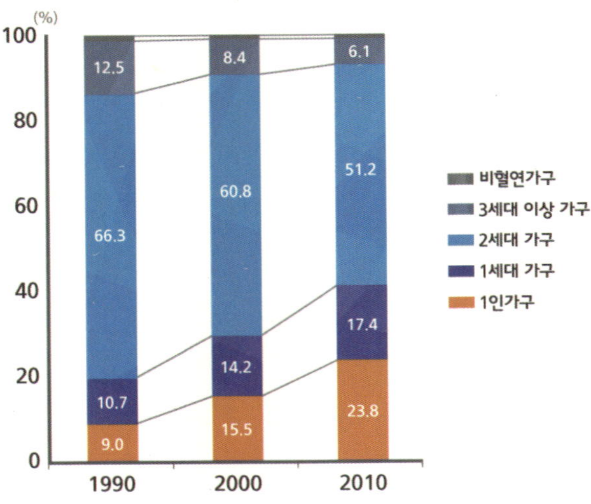

※자료: 통계청, 2010 인구주택총조사 전수집계결과(가구주택부문), 2011.7.9 보도자료

:2: 기후변화 및 자원문제 심화

◆ 지구온난화 및 이상기후로 인한 사회변화

지구온난화를 비롯한 기후변화 문제는 전 세계적으로 가장 시급하게 다루어지는 이슈 중 하나이다. 지구 평균기온은 19세기 이후 급격히 상승하고 있으며, 특히 우리나라는 이보다 더 큰 상승세를 보이고 있다('54~'99년 0.23℃ 상승 → '01~'10년 0.5℃ 상승). 이러한 추세는 최근 들어 더욱 가속화되고 있다(기상청, 한국 기후변화 평가보고서 2014 – 기후변화 과학적 근거, 2014.12).

1980년대부터 지구온난화 문제가 부각되면서 국제사회에서 실질적인 온실가스 감축 논의가 시작되었다. 가장 대표적인 국제협약은 1994년 3월에 발효된 유엔기후변화협약(UNFCCC; United Nations Framework Convention on Climate Change)으로, 2015년 현재 가입국은 196개국이고 우리나라는 1993년에 가입했다. 최근 2015년 12월 제21차 유엔기후변화협약 당사국총회(COP21)가 개최되어 파리협정을 채택함으로써 온실가스 제한수준과 법적구속력을 강화하며 국제적인 노력을 가속화시키고 있다.

기후변화는 미래 인간의 삶 전반에 많은 영향을 줄 것이다. 기후이상현상은 생활환경에 변화를 주고 농업·어업 등의 산업에 경제적 피해를 일으키는 등 전반적인 삶에 영향을 줄 가능성이 높다. 이에 선진국을 비롯한 많은 국가들이 이산화탄소 배출을 감소하고자 적극적인 투자를 하고 있다.

〈전 지구 및 우리나라의 기후변화 추세〉

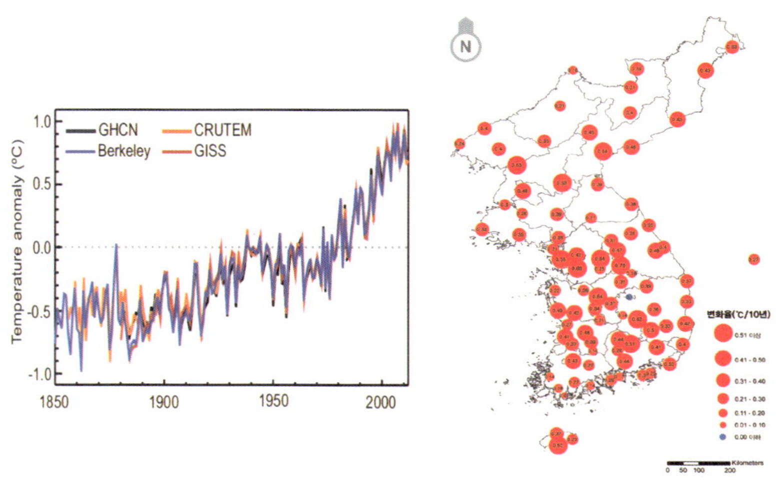

※자료: 기상청, 한국 기후변화 평가보고서 2014

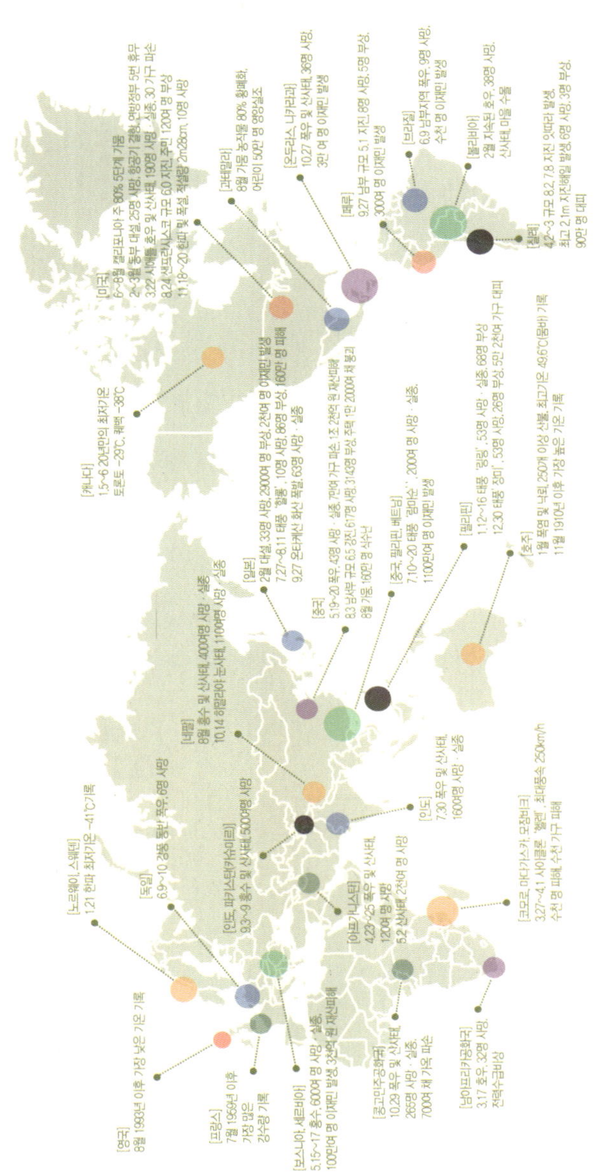

※자료: 관계부처합동, 2014년 이상기후 보고서, 2015.1.19

◆ 에너지 수요 증가 및 자원 부족 심화로 인한 대체에너지 개발 노력

글로벌 경제성장과 인구증가로 인해 총에너지 수요는 꾸준히 증가할 것으로 전망된다. 국제에너지기구(IEA; International Energy Agency)에 따르면, 2040년 세계 에너지수요는 '12년 대비 약 37% 증가하여 182.9억 TOE에 달할 전망이다. 하지만 전통 화석연료의 채굴 가능량은 한정되어 현재의 채굴기술 수준을 감안하면 석유는 53년, 석탄은 113년, 천연가스는 55년 이후에 고갈될 것으로 전망된다.(에너지관리공단, 2015년 대한민국 에너지 편람) 그리고 UN은 2030년경 수자원 수요량의 40%가 부족할 것으로 내다보았다. 이러한 상황에서 과학기술을 통한 대체에너지 및 대체자원의 개발노력은 계속적으로 추진되고 있다.

이러한 노력은 '제한된 자원의 재분배와 재분포, 공유 등을 통해 새로운 가치를 창출'하는 공유경제의 철학과 깊이 연결된다. 공유경제는 향후 10년 후 주요 이슈로 대두될 전망이며, 삶의 질을 중시하는 라이프스타일이 확대되면서 공유 경제의 철학이 많은 사람에게 호응을 얻을 것으로 예측된다.

<세계 에너지수요 전망>

구분	에너지수요(백만 TOE)					증가율(%)
	1990	2012	2020	2030	2040	2012~2040
1차에너지 공급	8,782	13,361	14,978	16,720	18,293	1.1
석탄	2,231	3,879	4,211	4,342	4,448	0.5
석유	3,232	4,194	4,487	4,689	4,761	0.5
LNG	1,668	2,844	3,182	3,797	4,418	1.6
원자력	526	642	845	1,047	1,210	2.3
수력	184	316	392	469	535	1.9
바이오매스/폐기물	905	1,344	1,554	1,796	2,002	1.4
그 외 신재생 에너지	36	142	308	581	918	6.9

※자료: World Energy Outlook 2014 New Policies scenario
에너지관리공단, 2015 대한민국 에너지 편람

◆ 무분별한 개발로 인한 생태계 파괴를 막기 위해 지속가능성 확보 노력 증가

인구와 세계시장의 과도한 성장은 자연환경과 생태계 파괴를 초래하였다. 세계적으로 다양한 개발압력에 따라 환경오염, 서식지 파괴, 생물종 멸종위기 등을 경험하고 있다. 남미와 아프리카 지역에서 매년 300만 ha 이상의 산림이 소실되는 등 자연환경 우수지역(열대우림, 갯벌 등)이 훼손되고 있으며, 멸종위기종은 1996~1998년 대비 110% 증가하는 등 생물다양성 역시 감소하고 있다(OECD, 2012; UN, 2013; IUCN, 2014). 경제학적 측면에서 이러한 피해는 2008년 글로벌 금융위기보다 더 많은 손실을 끼친 것으로 추정된다(OECD, 2012).

이러한 생태계 파괴의 심각성에 따라 지속가능성에 대한 관심과 노력이 증가하고 있다. 세계 각국은 환경친화적 기술을 개발하여 사업화하고 관련 제도를 도입하는 등 다양한 노력을 기울이고 있다. 지구온난화의 원인이 되는 온실가스 배출량을 감소시키기 위한 기술개발과 전 세계적인 탄소배출권 거래제를 실시하고, 기상이변에 대응하기 위한 강우예측 관련 연구 등을 추진 중이다.

:3: 도시화

◆ 대도시 집중화 현상으로 메가시티 등장

세계적으로 도시지역이 많은 인구를 끌어들이고 면적을 확장하며 도시화가 심화되고 있다. 사람들은 경제활동, 생활편의 등에서 더 많은 혜택을 누릴 수 있는 도시로 모여들고, 비도시 지역도 점차 도시로 변모하고 있다. 개도국의 경우 산업화에 의해 일자리를 찾기 위하여, 선진국의 경우 지식사회화에 의해 도시인구 집중이 이어지고 있다.

UN은 2000년대를 역사상 처음으로 도시인구가 농촌 인구를 추월한다는 뜻에서 'Urban Millenium'으로 규정하기도 하였다. 1800년대만 해도 도시에 거주하는 세계인구는 3% 정도에 불과했으나 2009년을 기점으로 50%를 넘어섰다.[9] 그리고 도시화의 심화는 인

9) 2020 새로운 미래가 온다(LG 경제연구원, '10년12월), 제4회 과학기술예측조사 (KISTEP)

구 1,000만 명을 넘는 메가시티의 증가로 이어지고 있다. 2012년에는 세계인구의 약 9.4% 이상이 메가시티에 거주하고 있었으며, 2025년에는 그 비율이 10.3%에 달할 것으로 예상된다.[10] 우리나라의 경우, 1960년의 도시화 비율이 39.1%로 낮은 수준이었으나 산업화와 함께 1960년대 중반부터 가파른 상승을 시작하였다. 1970년대에 50%대에 이르며 1980년대에도 상승세가 이어지고, 1990년대에는 75% 수준에 달하면서 도시화 원숙기 초입에 해당하는 수준을 보인다. 그리고 2014년 말에는 전체인구 5,132만여 명 중 91.7%에 달하는 4,705만여 명이 도시지역에 거주하고 있었다.

<도시지역 인구현황>

(단위: 천 명)

구분		2008	2009	2010	2011	2012	2013	2014
용도지역 기준	도시지역 인구	44,835	45,183	45,933	46,230	46,381	46,838	47,048
	비도시지역 인구	4,704	4,590	4,583	4,503	4,566	4,304	4,280
행정구역 기준	도시 인구	44,256	44,550	45,278	45,699	45,949	46,277	46,451
	농촌 인구	5,284	5,224	5,237	5,034	4,998	4,864	4,877
도시지역 인구비율 (%)	용도지역 기준	90.5	90.8	90.9	91.1	91	91.6	91.7
	행정구역 기준	89.3	89.5	89.6	90.1	90.2	90.5	90.5

※자료: 통계청 e-나라지표 도시지역 인구현황

10) 제4회 과학기술예측조사(KISTEP)

〈도시지역 인구비율 현황(용도지역기준)〉

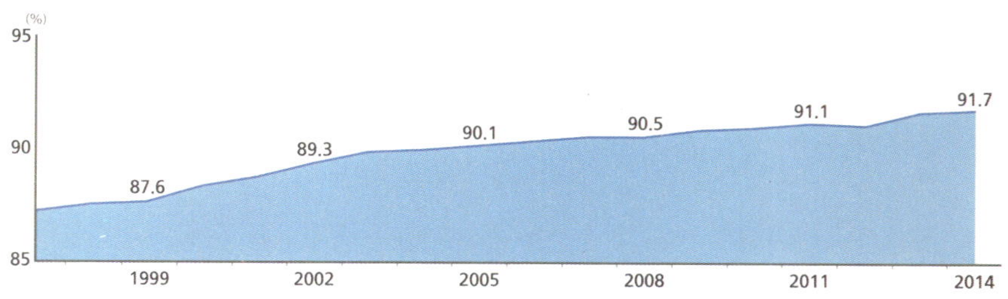

◆ 무분별한 도시개발로 인한 교통문제 개선 요구 증가

도시인구의 급격한 증가는 무분별한 도시개발로 이어지고 이는 도시의 비효율을 증가시키는 원인이 된다. 교통량을 고려하지 않는 도시개발은 심각한 교통 혼잡을 일으킨다. 2012년도 전국의 지역 간 도로와 7대 도시의 도로상의 교통혼잡비용은 GDP의 2.2% 규모에 달하는 총 30조3천억원으로 추정되며, 전년대비 4.2% 증가하였다. 지역 간 도로보다는 7대 도시내 교통혼잡비용이 약1.72배 정도 큰 것으로 추정된다.

2011년 대비 2012년도의 혼잡비용이 증가한 원인을 차종별로 살펴보면 버스의 경우 전년대비 혼잡비용이 17.2% 증가하였으며, 도로별로는 지방도의 경우 전년대비 교통혼잡비용이 7.3% 증가하였다.

2012년도 전국 지역 간 도로의 교통혼잡비용은 전년대비 3.6% 증가한 총 11.13조원으로 추정된다. 최근 10년간 연평균 증가율은 2.0% 수준의 증가추세이나 지방도의 경우 최근 10년간 연평균 증가율은 6.5%로 다른 도로에 비해 상대적으로 크게 증가하고 있다.[11]

11) 한국의 사회동향 2014, 통계청

〈도로교통 혼잡비용〉

구분		2003	2004	2005	2006	2007	2008	2009	2010	2011	2012
전국 교통 혼잡 비용 (십억원)	계	22,769	23,116	23,698	24,601	26,172	26,903	27,705	28,509	29,097	30,315
	지역간	9,113	9,131	9,134	9,160	9,684	9,881	10,064	10,436	10,742	11,130
	도시	13,656	13,985	14,564	15,441	16,489	17,022	17,641	18,073	18,355	19,185
GDP (B.조 원)		810.9	876.0	919.8	966.1	1,043.3	1,104.5	1,151.7	1,265.3	1,332.7	1,377.5
GDP 대비 비중 (A/B. %)		2.81	2.64	2.56	2.55	2.51	2.44	2.41	2.25	2.18	2.20

※자료: 조한선 외, 2011,2012년 전국교통혼잡비용 추정과 추이분석, 한국교통연구 KOTI-Brief Newsletter, Vol.6, No.12, 2014.9.19

도시의 복잡성과 교외접근의 불편성을 개선하고 교통편의성을 제고하기 위한 친환경 교통체계 및 스마트 교통체계 도입의 필요성이 제기되었다. 도시 교통 혼잡문제 해결 요구에 대응하여 교통시스템의 개선이 지속적으로 추진되고 있다. 자동차, 열차, 선박, 항공기 등 교통수단과 이에 대응하는 교통시설에 대한 정보를 분석하여 신호체계를 최적화하는 지능형 교통체계에 대한 연구가 지속적으로 진행 중이다.

◆ 건강 및 여가, 휴식을 위한 녹지공간 요구 증가

과거에 도시 공간의 조성은 성장과 확장에 주안을 둔 채 녹지공간 및 휴식공간에 대한 체계적인 고려가 부족했다. 이후 과밀하고 비대해진 도시공간의 효율화가 중요이슈가 되고, 건강과 여가에 대한 관심이 높아지면서 도시공원에 대한 수요가 증가하였다. 도심 녹지공간은 사람들의 여가생활과 휴식을 위한 공간을 제공하고 자연과 함께 공존하는 공간을 조성할 뿐 아니라 자연환경 보존에도 도움을 준다. 이러한 이유로 우리나라는 도시공원 및 녹지공간 조성에 노력을 기울이고 있다. 그러나 통계청 자료에 따르면, 2014년 말 기준 1인당 도시공원 면적은 8.6(㎡/인)으로 미국, 영국, 프랑스 등 선진국에 비하여 부족한 수준이다.

〈1인당 도시공원 면적의 국제비교〉

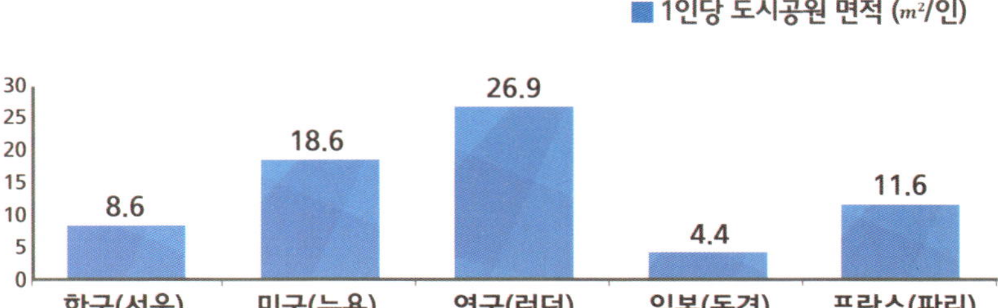

※자료: 통계청 e-나라지표 도시공원, 녹지, 유원지 현황

：4： 글로벌화

◆ 자유무역의 확대로 국가 간 시장 개방

'글로벌화'는 일반적으로 국가 간 장벽이 제거되어 상품, 자본, 노동, 정보 등이 제약 없이 교류되면서 하나로 통합되어 가는 것으로 정의된다. '글로벌화'는 정보통신 및 교통의 발달, 자유무역의 확대, 글로벌 인식의 확대 등에 따라 더욱 가속화될 전망이다.

세계시장의 통합이 진행되면서 전 세계적으로 상품 및 서비스, 자본, 노동의 이동이 더욱 자유롭게 이루어지게 되었다. 세계 각국은 자유무역협정(FTA)을 통해 여러 가지 제약요소를 제거하여 시장개방을 가속화하고 있다. 이를 통해 궁극적으로 글로벌 단일 시장이 나타날 전망이다. 2015년 11월 기준으로 WTO를 통해 파악된 지역무역협정(RTA; Regional Trade Agreement)[12] 발효건수는 총 404건으로 1995년 WTO 출범 이후 꾸준히 증가하고 있다. 세계시장통합으로 인하여 시장 확대, 무역 증진, 인력 교류 확대, 해외투자증가 등 긍정적인 효과를 기대할 수 있지만, 무한경쟁으로 인한 비교열위산업 쇠퇴, 고용의 감소, 금융시장 불안정, 수입품(먹거리) 안전성 등 여러 문제도 발생할 수 있다.

---

12) 지역무역협정(RTA; Regional Trade Agreement)은 자유무역협정(FTA; Free Trade Agreement)를 비롯하여 서비스협정(EIA; Economic Integration Agreement), 개도국 간 특혜협정(PSA; Partial Scope Agreement), 관세동맹(CU; Customs Union)을 포괄하는 개념이다.

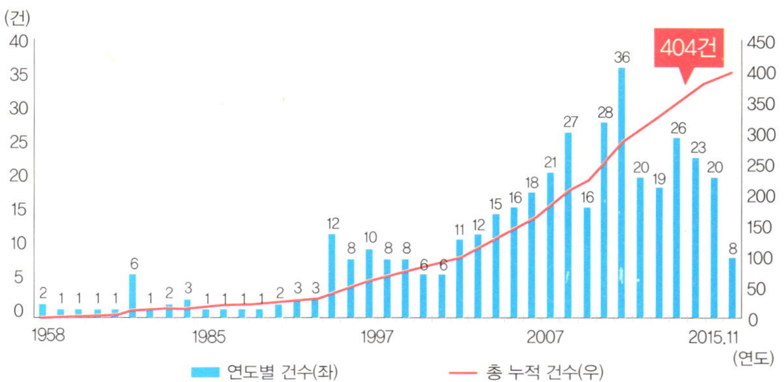

※자료: 한국무역협회 국제무역연구원, 전 세계 지역무역협정(RTA) 현황, 2015

◆ 노동 국제이동 증가로 다문화사회 바라보는 관점 변화 필요

글로벌화에 따라 노동시장 역시 확대되어 노동의 국제이동이 증가하였다. 1980년대 이민정책과 더불어 시작된 노동자의 국제이주는 1990년대 철의 장막 붕괴와 더불어 2000년대까지 증가하였다. 국제이주는 2008년 금융위기로 감소하였으나, 최근에는 다시 안정적으로 유지되거나 소폭 증가하고 있다.[13]

특히, 우리나라의 경우 노동력 부족으로 인한 외국인 노동자의 증가, 국제결혼에 의한 결혼이민자 증가, 외국국적동포 유입, 유학생 증가 등으로 국내 거주 외국인은 지속적으로 증가할 전망이다. 이와 같이 다문화사회로 변화하는 추세 속에서 서로 간의 문화 차이를 인정하면서 더불어 살아갈 수 있는 사회적 인식과 태도가 더욱 강조되고 있다.

13) OECD International Migration Outlook 2011, 2015

〈주요국의 외국인 유입현황〉

(단위: 천 명)

국가	한국	미국	일본	프랑스	독일	영국
2003	168.9	703.5	373.9	136.4	601.8	327.4
2004	178.5	957.9	372.0	141.6	602.2	434.3
2005	253.7	1,122.4	372.3	135.9	579.3	405.1
2006	303.0	1,266.3	325.6	159.4	558.5	451.7
2007	300.4	1,052.4	336.6	145.9	574.8	455.0
2008	302.2	1,107.1	344.5	153.3	573.8	456.0
2009	232.8	1,130.8	297.1	159.6	606.3	430.0
2010	293.1	1,042.6	287.1	157.8	683.5	459.0
2011	307.2	1,062.0	266.9	154.8	841.7	453.0
2012	300.2	1,031.6	303.9	163.4	965.9	383.0
2013	369.3	990.6	306.7	171.9	1,108.1	406.0

※자료: OECD, International Migration Outlook, 2015

〈한국의 외국인 유입 현황〉

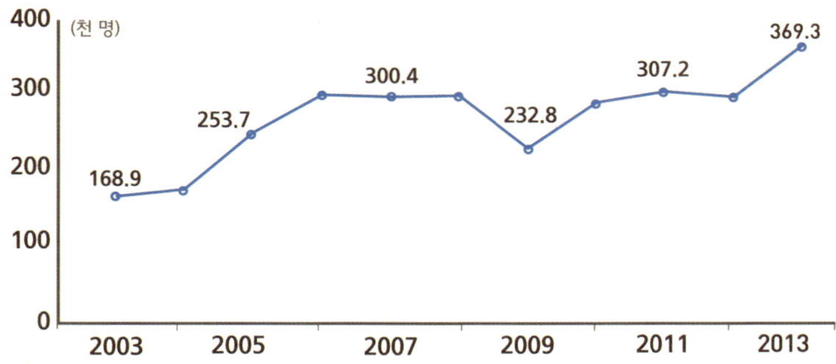

◆ 국제이슈 해결을 위한 글로벌 거버넌스 형성

국제적인 이슈에 대해 국가, 시민단체 등 다양한 주체들이 참여하여 새로운 국제질서를 모색하는 글로벌 거버넌스가 강화되고 있다. 예를 들어, 기후이상현상과 지구온난화 등 환경문제에 국제 공동으로 대처하기 위해 유엔 산하 세계기상기구(WMO)와 유엔환경계획(UNEP) 등 정부 간 협의체가 운영되고 있다. 인터넷과 ICT 발달로 인한 개인 및 기업의 정보유출에 관한 이슈도 다국적기업 간 네트워크, 국제표준화기구(ISO), 국가 간 협약 등을 통해 다루어지고 있다. 사스, 에볼라, 메르스 등 전염병 이슈에 대해서는 국제보건기구(WHO)를 중심으로 국가 간 협력이 이루어지고 있다. 개별 국가의 범위를 넘어서는 국제적인 문제의 해결을 위해 다자간 협력이 더욱 확대될 것이고 그에 따라 글로벌화는 더욱 가속화될 것이다.

:5: 과학기술의 발전 및 융복합화

◆ 정보통신기술(ICT) 발전은 전반적인 삶에 영향

정보통신기술의 발전으로 TV, 라디오가 등장하고 유선전화기가 등장하던 시대를 넘어서 스마트화의 물결이 전 분야에 걸쳐서 나타나고 있다. 선진국들은 온라인 보급률이 80% 이상인 국가가 대부분이고, 세계적으로도 약 32.7%의 인구가 인터넷을 사용하고 있다. 우리나라는 이미 2009년에 인터넷 보급률이 80%를 넘었으며 현재 세계 1, 2위를 다투고 있다. 초고속 인터넷 보급률도 전 세계적으로 지속적인 증가추세에 있으며, 우리나라의 경우 2014년 유선 초고속 인터넷 보급률은 인구 100명당 37.5명으로 나타났다.

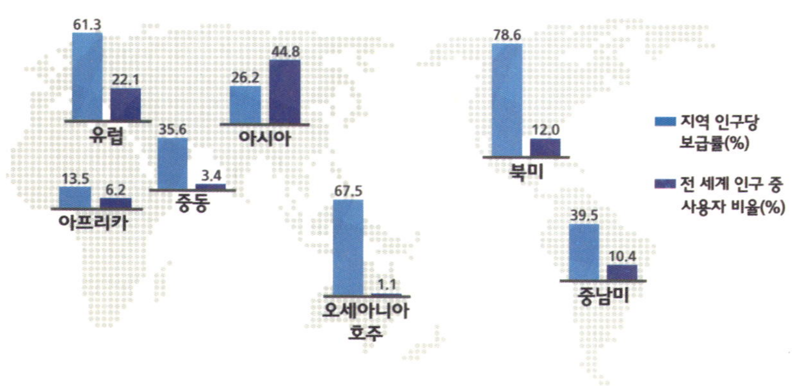

<전 세계 인터넷 보급률 및 사용자 비율>

※자료: Internet World Stats, KISTEP, 2012

　　빠르게 확산되는 정보통신기술에 의한 스마트화는 TV, 가전, 의료기기, 자동차 등 다양한 분야로 확대되고 있다. 전 세계는 점차 거대한 네트워크로 변화하며 사람들은 스마트한 자동화 기기를 자유롭게 사용할 수 있게 되었다. 최근 스마트폰과 태블릿PC, 클라우딩, 빅데이터 등으로 대표되는 모바일 ICT 기술도 가파르게 발전을 거듭하며 다양한 분야에 영향을 주고 있다. 스마트화는 단순 기기를 넘어 도시, 항구, 교통 등 삶의 전반적인 분야에 확대되고 있으며, 적용분야는 계속해서 증가할 것으로 예상된다.

◆ 바이오·나노 기술개발 및 융복합화로 사회문제 개선

제약, 의료기기, 의료서비스 등 바이오헬스 산업이 첨단과학기술과 접목을 통해 발전을 거듭하고 있다. 바이오산업은 고부가가치 지식기반산업으로 보건, 식량, 환경, 에너지 등 다양한 분야에 기여해 왔다. 바이오기술은 신약 및 치료법 개발을 가속화하여 고령화로 인한 노인건강문제 해결을 비롯하여 질병치료 개선에 큰 영향을 줄 것이다. 그리고 유전자 공학을 통한 식량부족 문제의 해결, 바이오 연료를 통한 에너지 부족 문제의 해결 등에도 기여할 것이다.

나노기술은 나노미터(10^{-9}m) 차원에서 물질을 제조·조작하여 새롭거나 개선된 성질을 만들어 내는 기술로서 범용기술 성격이 강하여 정보기술(IT), 생명기술(BT), 에너지·환경기술(ET) 등 핵심기술 분야와의 융합이 가능하다.[14] 바이오기술과 융합하여 신약개발 등을 통해 건강 측면의 삶의 질을 개선할 수 있고, ICT 융합을 통해 반도체, 디스플레이 등의 개발로 생활편의를 증진할 수 있으며, 그린 에너지의 개발로 환경보전 및 개선에 기여할 수 있을 것이다.

◆ 가상현실 기술은 미래를 바꿀 첨단기술

실제 세계를 시뮬레이션 환경으로 재현하는 가상현실(VR) 기술은 사용자가 실제와 유사한 공간적, 시간적 체험을 함으로써 현실과 상상의 경계를 자유롭게 넘나들도록 하여 준다. 가상현실 기술은 게임뿐 아니라 의료, 설계 등 다양한 분야에서 활용될 수 있다. 가상공간을 활용하여 부동산 정보를 확인하고 여행도 할 수 있으

---

14) 나노기술 산업화 전략, 미래창조과학부, 2015

며, 의료분야에서 수술, 진료 등으로 활용이 가능하다. 또한, 가상현실 기술을 이용하여 새로운 문화콘텐츠 개발이 이루어지고 있어 문화활동이나 여가활동 활성화에도 기여할 수 있다. 특히, 교육 분야에서는 과거와 미래를 현실과 흡사하게 체험할 수 있도록 해주는 시스템으로 이용가치가 무궁무진하다.

◆ 인공지능 활용으로 일자리 변화

인공지능(AI)은 기억, 자각, 이해, 학습, 연상, 추론 등 인간의 지성을 필요로 하는 행위를 기계를 통해 실현하고자 하는 학문 또는 기술을 총칭한다. 현재 인터넷과 빅데이터의 등장, 웨어러블 단말 등 새로운 플랫폼의 출현으로 다량의 데이터 처리가 가능해지면서 인공지능 기술개발은 더욱 가속화되었다.[15] 인공지능 기술은 고객의 다양한 요구를 들어주는 개인용 컨시어지(Concierge) 서비스에 적용될 경우 고객의 의사결정을 지원해주는 훌륭한 도구가 될 수 있다. 그리고 빅데이터를 통해 정보가 수집되고 축적되면 인공지능은 이를 분석·처리하여 보다 나은 의사결정을 내리는 것을 지원해줄 수 있다. 인공지능을 탑재한 로봇은 농업, 우주탐사, 재난현장 구조, 노인 및 아이돌봄 등 인간을 대신해 많은 역할을 담당할 것인데, 이는 인간의 일자리 감소에 영향을 미칠 수 있다. 옥스퍼드대 연구팀은 20년 후 미국의 일자리 47%가 소멸될 것으로 전망했고, 토머스 프레이 미국 다빈치 연구소장은 2030년까지 일자리 20억 개가 사라질 것으로 내다보았다.

---

15) 미국의 인공지능(AI) 기술 R&D 추진동향, 정보통신기술진흥센터

02^절 삶에 대한 가치 변화

:1: 성장과 행복의 공존 추구

◆ 미래에 대한 불안 증대

최근 2030세대 사이에 부모의 경제력에 따라 학업, 구직, 웰빙 등 모든 면에서 격차가 생기고 미래는 이미 결정되어 있다는 인식이 퍼지며 '금수저', '흙수저'와 같은 신조어가 쓰이고 있다. 이러한 기회의 불평등으로 인해 청년들은 상대적 박탈감과 상실감을 느끼고 무언가 시도조차 하지 않는 무력감에 빠지기도 한다.

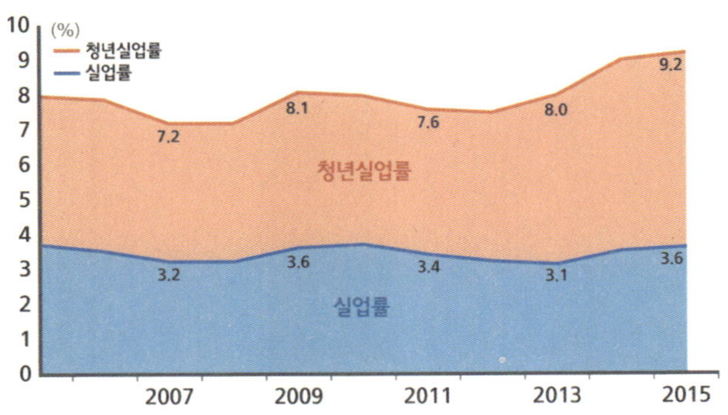

※자료: 경제활동인구조사, 통계청, 각 연도

청년들은 학자금 대출로 빚을 짊어진 채, 졸업 후에도 취업은 어려우니 부모로부터의 독립이나 결혼, 자녀계획이나 내집 마련은 꿈도 꾸기 어려운 상황이다. 우리나라의 청년실업률은 2015년 4월 기준 10.2%로 규모로는 전년 대비 1만9천 명 증가하였으며, 전체 실업률(15~64세)인 3.9%보다도 2.6배 높은 수준이다. 결혼을 하더라도 일터에서의 과중한 업무로 가정에 충실하기 어려워 자녀계획마저 엄두를 내지 못하게 된다.

이런 상황은 어제오늘의 일이 아님에도, 국민들이 최근 들어 특히 부정적으로 인식하게 된 것은 삶의 질을 중시하는 라이프스타일이 강화되고 있음을 간접적으로 시사한다. 학창시절부터 사회생활에 이르기까지 개인의 다양성·창의성보다 수월성을 강조하며, 한줄 세우기식 양적 경쟁에 기반하는 패러다임이 더 이상 작동하지 못한다는 문제의식이 확대되고 있음을 의미한다.

◆ OECD 국가 중에서 삶의 질 지표 하위권

경제협력개발기구(OECD)에서 발표하는 각종 지표의 우리나라 순위는 우리 사회의 취약한 부분을 드러내 준다. 1인당 국민소득(GDP)의 경우 3만 달러 달성을 앞두고 있을 만큼 선진국 반열을 바라보는 수준까지 와있지만, 복지나 사회안전망 등 삶의 질 관련 OECD 지표에서는 하위권을 벗어나지 못하고 있다.

OECD 회원국들과 비교할 때, 우리나라의 2014년 GDP 대비 공적사회복지지출 비중은 OECD 평균 21.6%의 반에도 못 미치는 10.4%로 최하위권(28위)이며, 자살률은 10년 넘게 1위이고, 출산율, 노인빈곤율, 가계부채율 역시 가장 나쁜 수준에 머물고 있다. 노동조건과 관련해서도 저임금비중이 2012년 기준 23.9%로 미국에 이어 두 번째로 높은 수치를 기록했으며, 임금불평등 지표는 가장 심각한 수준으로 나타났다. 연간 노동시간은 2014년 기준 2,124시간으로 OECD 회원국 평균 노동시간(1,770시간)에 비해 354시간 더 많으며, 일과 삶의 균형지수는 36개국 중 33위로 나타나 여전히 장시간 노동에 시달리는 것으로 나타난다. 세계 최악의 산재사망국이라는 오명을 벗지 못하고 있으며, 부모와 자녀가 함께 보내는 시간도 하루 48분으로 가장 짧고 건강에 대한 만족도는 35.1점으로 OECD 국가 중 최하위였다.

◆ 성장과 행복의 괴리 극복이 중요한 화두

우리나라는 삶의 질 향상을 위해 물질적 성취를 중요하게 여겨온 결과 GDP 규모기준 세계 10위권의 경제대국으로 급속한 성장을 이

뤄냈다. 그러한 과정에서 개인의 행복 추구는 미뤄놓다 보니 모두가 고립된 존재가 되어버렸다. OECD 삶의 질 측정에서 "필요할 때 도움을 줄 수 있는 친척이나 친구가 있다"라고 응답한 비중이 72.4%로 OECD 회원국(88.0%) 중 가장 적었고, 연령의 증가에 따라 더욱 줄어드는 것[16]으로 나타났다. 치열한 경쟁 속에서 개개인의 다양한 목표는 사라지고 사회가 원하는 획일화된 모습으로 살아왔으며, 사회구조적인 문제로 경험하는 실패도 개인의 탓으로 돌리면서 더 많은 노력을 기울였음에도 또 좌절한다.

소득불평등, 빈부격차, 기회불평등과 같은 사회구조적인 문제들은 오래전부터 존재해 온 고질적인 문제이다. IMF 등을 겪어온 세대들이 국가의 경제성장이 개인의 삶의 질도 견인할 수 있다고 굳게 믿었다면, 지금 핵심 생산가능인구에 해당하는 세대들은 성장만을 중시하지 않는다. 건강, 가족, 일과 삶의 균형, 교육, 환경, 공동체 등을 포함한 '삶의 질'에 대한 관심이 높아지고 있으며, 육체적 건강뿐 아니라 정신적인 건강을 추구하면서 육체와 정신의 조화를 중요하게 생각하는 방향으로 인식이 변해가고 있다. 그렇기에 사회구조적인 문제가 개인을 무기력하게 만들고 부모로부터의 독립이나 결혼을 미룰 만큼 심각한 문제로 다가오는 것이다. 더 나아가 행복 추구는 다양성 존중, 창의적인 업무 환경, 경쟁과 협력의 공존, 양적 평가에서 질적 평가로의 전환 등을 필요로 하는데, 이는 GDP 3만 달러 시대로 가는 데 필요한 조건이기도 하다. 다시 말해, 지금부터 우리 사회의 경제성장은 이전과는 다른 전략이 필요하며, 그것은

---

16) "필요할 때 도움을 줄 수 있는 친척이나 친구가 있다" 한국 15~29세 93.3%, 30~49세 78.4%, 50세 이상 87.2%

삶의 질을 바탕으로 한 창의적인 성장임을 의미한다.

◆ 개인의 행복을 위해서는 사회안전망 구축이 중요

실업, 빈곤, 노령 등의 사회적 위험으로부터 개인의 행복을 지켜내기 위해 정부는 사회안전망을 구축하고 공고히 하는 것을 그 무엇보다 우선시하여 추진해야 한다. 이러한 사회구조적인 문제를 해결하려는 노력과 함께 지나친 경쟁이 가져온 타인에 대한 관심 및 공감 능력 저하, 지나친 개인주의 등으로 낮아진 공동체의식을 회복하는 것도 중요하다는 인식도 확산되고 있다.

타인의 삶에 관심을 갖고 가족 간, 이웃 간, 사회구성원 간 관계를 맺고 두텁게 이어간다면, 그 속에서 '나'라는 존재의 의미를 찾고 정신적인 풍요를 얻을 수 있기 때문이다.

:2: 개성화

◆ 타인과 차별화된 가치기준

전체보다 개인을 중시하고, 차별화되는 삶을 살아가면서 타인으로부터 인정받고자 하는 흐름이 일고 있다. 타인과 같은 획일화된 가치기준을 가지고 살아가기보다 개인을 중시하고 차별화된 가치기준을 가지고 개성을 추구하려 한다. 집단 중심적인 가치관에서 벗어나 개인이 온전한 존재로 존중받고 나만의 가치를 기준으로 삶을 결정하는 것이다. 삶의 질을 중시하는 사회를 구현하기 위해서는 개인의 자유와 권리를 존중하여 차별화된 가치기준을 인정하는 인식이 필요하다.

타인과 차별화된 가치기준을 인정하고 개인의 자유와 권리를 존중하는 의식의 변화는 한국인의 의식 가치관 설문조사에서도 나타난다. 2013년 한국인의 의식 가치관 조사보고서에 따르면, 우리 사회가 좋은 사회가 되기 위해 개인의 자유와 권리 존중이 얼마나 중요한지에 대해 10점 척도로 질문한 결과 평균 8.4점으로 높게 나타났다. 개인의 자유와 권리 존중이 좋은 사회를 만들기 위해 '중요하다'고 답한 사람이 전체 78.3%로 '중요하지 않다'고 응답한 0.6%보다 훨씬 높게 나타났다.

<개인의 자유와 권리 존중>

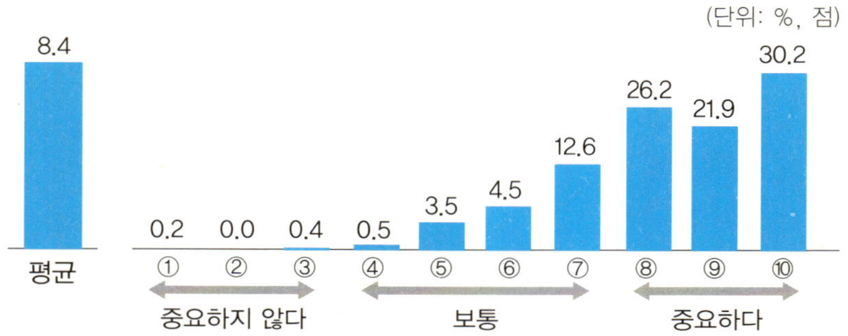

※자료: 문화체육관광부, 2013년 한국인의 의식 가치관 조사보고서, 2013

◆ **다양성 수용 요구**

타인과 차별화된 가치기준을 적용하면서 다양성을 인정하고 수용하려는 의식이 강화되고 있다. 2013년 한국인의 의식 가치관 조사보고서에 따르면, 우리 사회가 좋은 사회가 되기 위해 개인의 개성 및 다양성의 존중이 얼마나 중요한지에 대해 10점 척도로 질문한 결과 8.3점으로 나타났다. 또한 개인의 개성 및 다양성의 존중이 매우 중요하다고 응답한 비율이 전체의 75.5%로 나타났다.

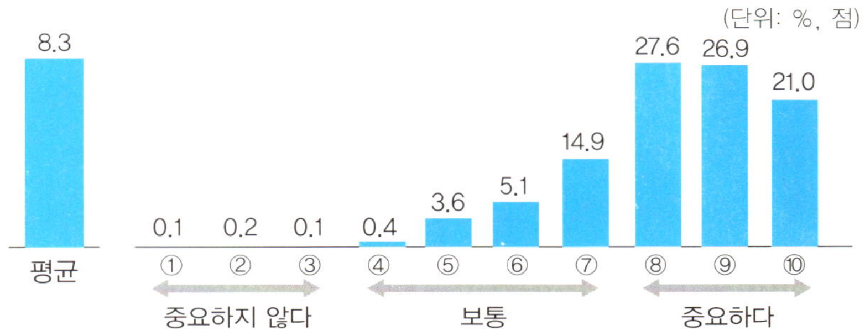

〈개인의 개성 및 다양성의 존중〉

※자료: 문화체육관광부, 2013년 한국인의 의식 가치관 조사보고서, 2013

이와 같이 다양성 수용 요구가 증가하면서 소비시장에서도 변화가 일고 있다. 소비자 니즈가 빠르게 다양화·세분화되며 소품종 대량생산에서 다품종 소량생산 시대로 넘어가고 있다. 과학기술 측면에서도 다양한 개인의 취향에 맞춘 기술개발이 진행되고 있다. 기업 중심으로 개발해 온 기술이 다양한 소비자 중심 기술에 초점을 맞추기 시작하면서 개인 취향에 따른 정보와 서비스를 제공하는 '개인화 기술(Personalization Technologies)'에 대한 관심이 높아져 간다. 개인의 특성에 맞는 서비스를 만들어 내는 시도는 예전부터 있었으나, 과학기술의 발전으로 다양한 사용자들의 요구를 구현할 수 있게 되면서 개인의 취향과 요구를 알아내는 데 유용한 빅데이터 기술, 개인의 지식을 활용하는 기술, 공간의 제약 없이 일할 수 있게 하는 기술 등 다양한 기술들이 개발되고 있다.

◆ 과정 속에서의 배움과 경험 중시

리스크가 따르지만 의미 있는 시도를 고무하기 위해서는 실패를 용인하는 사회적 분위기가 필요하다. 실패 후에도 재기할 수 있도록 기회를 다시 부여하는 제도들이 필수적이다. 그러나 우리 사회는 실패를 두려워하는 문화가 뿌리 깊게 자리하고 있다. 실패한 개인이나 기업에 재도전의 기회가 주어지지 않는다는 생각에 과정보다는 결과를 중시하는 문화가 오래 이어져 왔다. 우리나라 중소기업 R&D 지원과제 개발성공률은 96%이지만 사업화율이 47.2%인 것도, 과제가 실패할 경우 다음 연구비를 지원 받기 어렵다는 인식에서 도전적인 과제보다는 안전하고 용이한 과제 위주로 수행하는 것에 기인한다. 이러한 환경에서 어떠한 혁신성도 기대하기가 어렵다. 개인의 창의성이 발현되려면 새롭고 도전적인 개념을 자유롭게 제시할 수 있어야 하며 성과와 결과보다는 과정 안에서의 경험 축적을 중시해야 한다. 2004년에 노벨화학상을 수상한 아론 세하노베르 교수도 "실패는 그 자체로 배울 점이 많기에 비난해서는 안 된다"라고 말한 바 있다.

　　다행히 사람들의 인식도 일의 결과보다는 과정 속에서의 배움과 경험을 중시하는 방향으로 변화하고 있다. 2013년에 실시한 한국인의 의식 가치관 조사보고서에 의하면, 일의 결과보다 그 과정이 중요하다는 의견에 대해 '그렇다'라고 응답한 사람이 71.2%로 2006년의 51.5%, 2008년의 56.8%와 대비하였을 때, 일의 결과보다 과정을 중시하는 의식이 확대되는 것을 보여준다.

〈'일의 성과나 결과보다 과정이 더 중요하다' 응답 비율〉

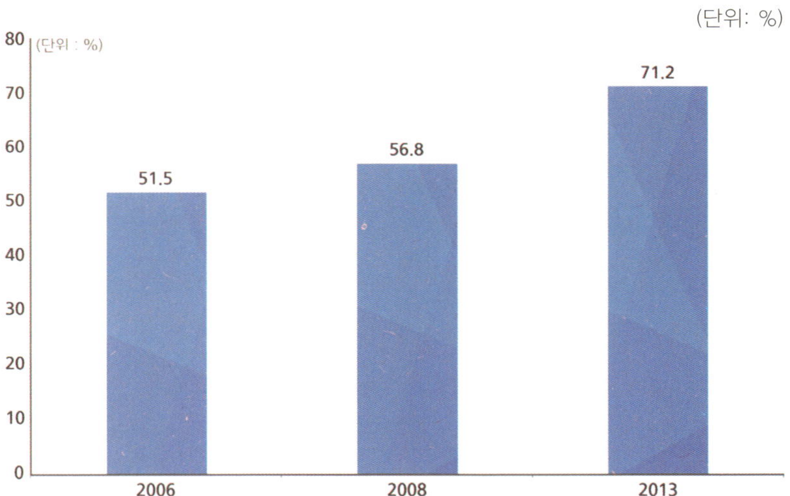

※자료: 문화체육관광부, 2013년 한국인의 의식 가치관 조사보고서, 2013
※2006년, 2008년 조사결과

:3: 소유에서 공유로 소비가치 이동

◆ 다층적인 소비 증가

삶의 질을 중시하는 라이프스타일 관점에서 지구환경을 아름답게 가꾸고 글로벌 시장을 개선하며, 부와 물질의 집중화 등을 해소하기 위해서는 소비라는 경제행위의 근본적인 변화가 필요하다. 다시 말해, 가격 대비 품질만이 아니라 환경문제나 공정무역, 기업의 사회적 책임(CSR)까지 고려하는 소비행위가 필요한 것이다.[17] 환경문제를 등한시하는 기업, 임금기준을 준수하지 않은 기업이 생산한 제품에 대해 불매운동을 벌이고, 가격이 비싸더라도 친환경 제품, 공정무역 제품을 구매하는 윤리적 소비가 증가하고 있다.

공정무역은 유럽, 미국, 캐나다, 호주, 뉴질랜드, 일본 등을 중심으로 활발하게 이루어지고 있다. 국제공정무역인증기구(FLO)에 따르면, 공정무역 시장규모는 2004년 8억 유로이던 것이 2012년 48억237만 유로로 지속적으로 성장하였다.

그리고 양적 풍요, 과시적 소비보다는 질적인 면에서 다양화, 고급화, 개성화를 추구하면서 경험을 통해 만족을 얻으려는 소비가 증가하고 있다. 통계청 가계동향조사에 따르면 공연관람 문화강습, 단체여행, 캠핑 등의 문화서비스 및 레저서비스가 증가추세를 보이고 있다.

---

17) 지구촌 윤리적 소비운동 주춤, 세계일보 2015.05.09. 기사

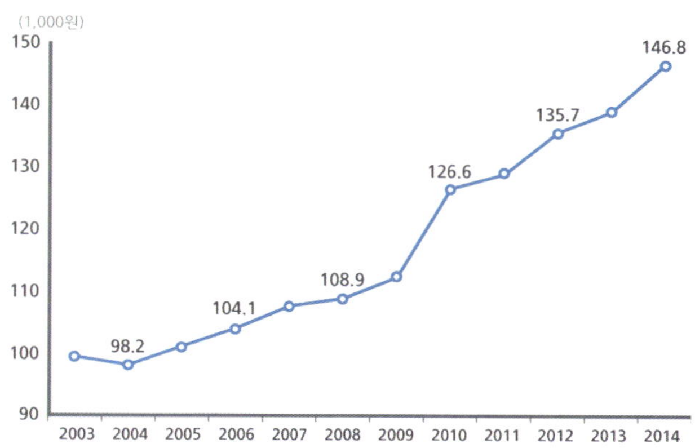

〈가구당 오락문화비 지출액〉

※자료: 통계청, 가계동향조사, 각 연도
통계개발원, 한국의 사회동향 2014, 통계청

〈가구당 오락문화비 주요항목별 지출액〉

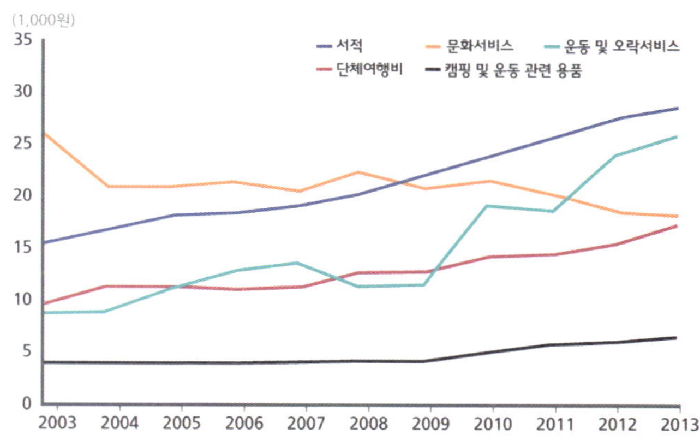

※자료: 통계청, 가계동향조사, 각 연도
통계개발원, 한국의 사회동향 2014, 통계청

경험을 중시하는 성향은 해외여행의 증가로 이어졌다. 한국관광공사의 내국인 출국 추이를 살펴보면 2008년 고유가, 원화가치 하락, 경제불안 등으로 해외여행 증가가 일시적인 둔화추세를 보였으나 2010년부터는 다시 증가세로 전환되어 지속적으로 증가하고 있다.

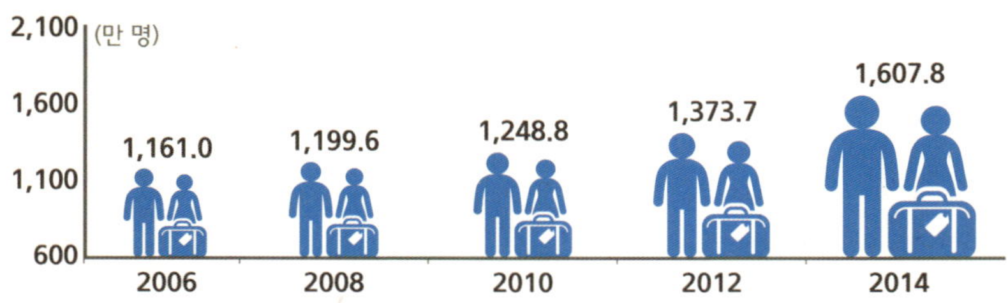

〈해외여행객 수 증가추이〉

※자료: 한국관광공사, 내국인 출국

◆ 소유에서 공유 중심으로 가치 이동

세계가 현재와 같은 추세로 에너지와 자원을 소비한다면 지구환경은 더욱 악화될 전망이다. 한정된 재화 안에서 세계인들이 겪는 경제적 결핍은 단지 생산의 부족에 기인하지 않는다. 부와 물질, 생산 등의 쏠림이 중요한 원인으로 작용한다. 이러한 문제를 해결하기 위해서는 생산된 재화를 나누어 사용하는 공유 개념의 도입이 시급하다.

세계적인 미래학자인 제레미 리프킨은 2050년이 되면 협력적 공유사회(Collaborative Commons)라는 새로운 경제시스템이 자본주의의 자리를 대체할 것으로 예측했다. '공유경제[18]'는 '카 셰어링(Car

18) '공유경제(Share Economy)란, 한번 생산된 제품과 서비스를 여러 사람이 공유해 쓰는 협력적 소비방식을 뜻함

sharing)', '하우스 셰어링(House sharing)' 등으로 확산되고 있으며, 향후 더 많은 산업에서 이러한 흐름이 이어질 것으로 보인다.

국제 회계컨설팅회사 프라이스워터하우스쿠퍼스(PwC)의 보고서에 따르면, 미국 성인 중 약 절반이 공유경제에 익숙하다고 대답하였다. 설문에 참여한 미국인 1,000명 중 약 60%는 공유경제 확산에 찬성한다고 응답했고, 72%는 앞으로 2년 이내에 자신들이 공유경제 활동을 하고 있을 것이라고 예상했다.

다국적 금융그룹 ING가 유럽 주요국 약 15,000명의 소비자를 대상으로 공유경제 서비스에 대한 연구를 실시하여 향후 12개월 이내에 공유경제 활동에 참여할 의사를 조사하였다.[19] 그 결과, 현재 유럽에서 공유경제 이용 경험자는 5%에 불과하나 32%의 응답자가 1년 이후에는 공유경제 서비스를 이용할 것이라고 응답했다.

이미 제조서비스, 식사, 자본 중개 분야에서 공유경제는 새로운 글로벌 비즈니스로 자리매김하였다. 숙박공유서비스인 AirBnB와 온라인 자동차 중개서비스인 Uber는 공유경제의 대표적인 사례로 알려져 있다.

<해외 공유경제 비즈니스 사례>

자원	업체명	국적	서비스 내용
전자기기	Peerby	네덜란드	전자기기, 공구 등 물품 공유 서비스
식사	Shareyourmeal	네덜란드	집 음식 온라인 중개 서비스
제조서비스	Sorted	영국	온라인 제조 서비스
자본	Fixura	핀란드	p2p 대출 중개 서비스
숙박	AirBnB	미국	숙박공유서비스
자동차	UBER	미국	온라인 자동차 중개서비스

19) NIA ICT Issues Weekly, 2015.07.10.

：4： 인간과 사회·자연과의 공존

◆ 지역사회와의 공존을 위한 노력 증대

개인의 삶의 질은 사회의 삶의 질, 더 나아가 생태계의 삶의 질과 밀접하게 연관되어 있다. 개인과 개인 간의 공존을 통해 공동체를 이루고 이를 통해 개인은 사회라는 틀 안에서 공존하고 있으며 사회문제 해결은 시민들의 적극적 참여 속에 이루어질 수 있음을 인식해야 한다. 또한, '기업시민(Corporate Citizenship)'이라는 용어가 우리나라에서는 아직 생소한 개념이지만, 기업도 개인과 마찬가지로 지역사회의 한 구성원으로서 권리와 책임을 갖고 시민의 역할을 수행해야 존속이 가능하다는 것을 의미한다.

중앙일보와 서울대 한국정치연구소에서 발표한 '국가별 기업시민 지수[20]'를 살펴보면, 한국은 50개국 중 21위로 나타났다. 이는 아시아 중에서도 일본(12위), 중국(19위)보다 낮은 순위이며, 특히 기업의 도덕성과 사회적 기업가의 활동은 37위, 41위로 타국가에 비해 낮은 점수를 받았다.

사회적 목적을 추구하는 사회적 기업이 지역사회에서 Win-Win 할 수 있도록 자리 잡는 것과 함께 우리나라 기업들이 시민활동을 활발히 하도록 정부가 방향을 제시하지 않으면, 기존과 마찬가지로 경제 논리로만 활동을 이어갈 것으로 우려된다.

---

20) '국가별 기업시민 지수'는 각국 기업의 평균적 수준을 측정한 것으로, 기업의 리더십, 도덕성, 사회적 실천, 윤리성, 사회적 기업가 활동 등 6개 지표를 사용

◆ 자연과의 공존을 중시하는 지속가능한 개발과 노력 증대

　1992년 지구환경보전문제를 협의하기 위해 개최된 리우회의에서 개발과 환경보전을 조화시키는 환경적으로 건전하고 지속가능한 개발(ESSD; Environmentally Sound and Sustainable Development)을 목표로 설정한 이후 전 세계는 인간과 자연이 공존할 수 있는 개발에 노력해왔다. 또한 기후변화 문제와 더불어 온실가스 배출에 따른 위협이 커지면서 2005년 교토의정서가 정식으로 발효되면서 온실가스 감축 요구가 커지고 있다. 최근 정보통신 기술의 발달로 IoT, 빅데이터 등의 최신 기술을 이용하여 이러한 요구에 대응하기 위해 친환경 도시개발이 더욱 가속화될 전망이다.

　인간과 자연의 공존을 위한 개발은 해외사례들이 이미 존재한다. 네덜란드 아메르스포르트는 1990년대 후반 정부의 지원을 받아 태양광 발전 주거 단지를 조성하였다. 계획단계부터 태양광발전기가 다양한 생태 건축과 조화를 이루도록 고려하였다. 주택 지붕에 태양전지판을 부착하여 도시 전체가 태양광 발전 시스템을 갖추도록 하여 화석연료 사용이 전혀 없는 제로에너지하우스[21]를 건설하였다. 독일 바덴-뷔텐베르그 주 마우엔하임 마을은 첫 번째 바이오에너지 마을로 인근 가축목장에서 수거한 축산분뇨를 이용하여 생산한 바이오가스로 발전하고 남은 열을 공급망을 통해 수송하고 있다.[22]

　이러한 추세에 따라 우리나라는 친환경 에너지타운 종합계획을

---

21)　태양광 지붕을 단 주택 한 채를 나누어 두가구 거주 연간 1만5000kWh의 전기를 생산
22)　친환경 에너지타운 추진을 위한 국내외 추진현황 검토 및 정책과제연구, 국토연구원, 2014

2014년 12월 수립하여 추진 중이다.[23] 강원도 홍천의 경우 국내 최초로 가축분뇨처리시설을 활용, 생산한 바이오가스를 도시가스화하여 주민에게 공급하는 모델을 추진하고 있다. 홍천군은 유기성 폐기물로 퇴비와 액비를 생산하고 하수처리장 부지를 활용하여 태양광 발전을 하도록 친환경 에너지 타운을 조성할 계획이다. 광주시 사업은 매립이 끝난 매립지 상부를 태양광 발전소로 변모시키는 모델로 국내 3위 규모의 태양광 발전소를 건설하며 신재생에너지 체험 빌리지와 태양열 목욕탕, 인권생태 탐방로 등을 관광자원으로 개발할 계획이다. 충북 진천의 경우 현재 조성 중인 혁신도시 내의 하수처리장을 활용하여 다양한 신재생에너지 기술(전기+열)을 적용하는 모델로, 태양광과 연료전지 등 신재생 발전설비를 설치하고 태양열·지열·하수열 등을 계간 축열조에 저장하여 단지 내 난방용으로 활용할 계획이다.

이같이 우리나라 경제주체들의 환경보호지출이 조금씩 증가하는 모습을 보이고 있으며, GDP 대비 비율은 대체로 2% 초반 수준을 유지하고 있다.

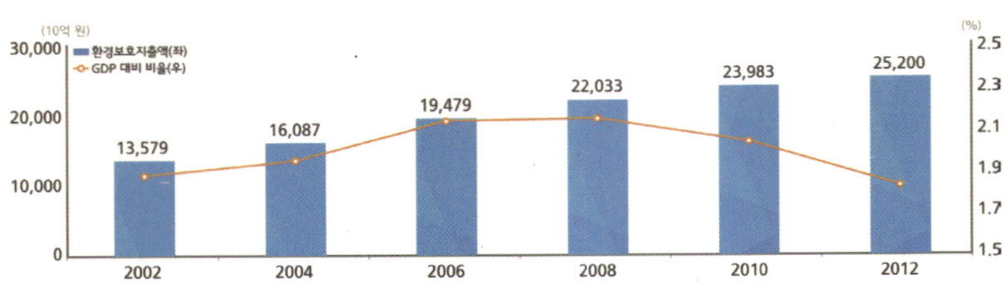

〈환경보호지출 증가현황〉

※자료: 환경부, 환경통계연감, 각 연도

23) 친환경 에너지타운 추진을 위한 국내외 추진현황 검토 및 정책과제연구, 국토연구원, 2014

또한, 녹색기술 연구개발에 지속적인 투자가 이루어지고 있으며 연구개발비도 꾸준히 증가하고 있다. 환경통계연감에 따르면 녹색기술 R&D 사업의 총투자액은 2009년 1,973억 원에서 지속적으로 증가하여 2014년 2,928억 원으로 나타났다.

〈녹색기술 R&D 투자현황〉

(단위: 백만 원)

구분	2009	2010	2011	2012	2013	2014
사업총액	197,351	213,716	235,503	249,675	262,913	292,885

※자료: 환경부, 환경통계연감, 각 연도

환경에 대한 사회적인 관심도 높아지고 있다. 2013년 환경보전에 관한 국민의식조사에 따르면 평소 환경문제에 대한 관심도를 묻는 질문에 국민 91.8%가 관심있다고 응답했으며, 이는 2008년 조사 대비 10%p 이상 상승한 결과이다.

삶의 질에 대한 국민 인식변화

:1: 삶의 질 관련 미래이슈 및 핵심기술 분석

◆ '삶의 질을 중시하는 라이프스타일'은 다양한 이슈와 높은 연관성

2015년 7월 미래사회에 영향을 미칠 것으로 예상되는 경제·사회·정치·환경 분야 28개 이슈를 대상으로 발생가능성·파급효과·연관관계 등을 분석한 미래이슈 분석결과, '삶의 질을 중시하는 라이프스타일' 이슈는 다른 어떤 이슈보다도 다양한 사회적 이슈들과 연관성이 높은 것으로 나타났다.

이로부터 향후 10년 미래사회에서 '삶의 질'은 경제·사회·정치·환경 등의 다양한 분야에서 기본적인 기준으로 고려될 것으로 전망된다. '삶의 질을 중시하는 라이프스타일'은 미래이슈 중 '미래세대 삶의 불안정성', '전통적 가족개념 변화', '저출산 초고령화 사회', '난치병 극복' 등과 밀접한 관계를 나타내었다. 경제불안 및 가족해체는 행복 수준을 저해하며, 난치병 극복은 삶의 질과 밀접한 건강의 향상을 위해 중요한 과제이다. 삶의 질 저하는 저출산을 심화시키며,

준비 안 된 고령화는 미래사회의 활력을 떨어뜨린다.

〈'삶의 질을 중시하는 라이프스타일' 이슈와 이슈 간 연관관계〉

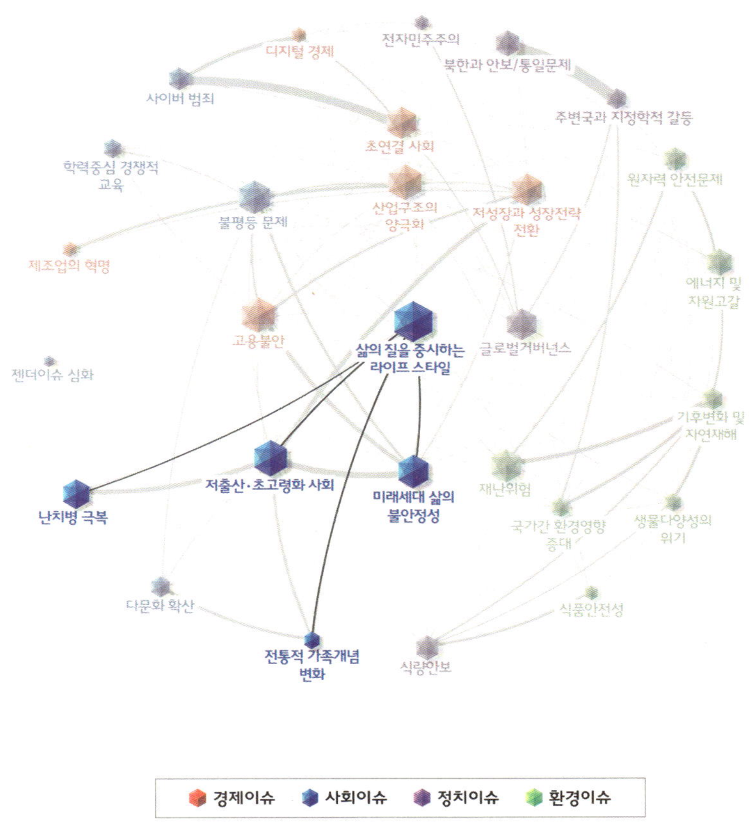

※자료: 미래창조과학부 미래준비위원회, 미래이슈 분석보고서, 2015.07

◆ 생활편의성과 밀접한 분야가 삶의 질과 관련성 높아

미래이슈 분석결과에 따르면, 15대 유망기술[24] 중 생활과 밀접한 위치에서 편의성을 제고할 것으로 기대되는 분야들이 '삶의 질을 중시하는 라이프스타일' 이슈와 높은 관련성을 갖는 것으로 분석되었다. '삶의 질을 중시하는 라이프스타일' 이슈는 웨어러블 디바이스, 사물인터넷, 가상현실, 인공지능, 빅데이터 등과 높은 관련성을 갖는 것으로 나타났다. 현재 우리 사회에서 가장 주목받는 과학기술들은 앞으로 삶의 질을 향상시킬 것으로 기대를 모으고 있다.

24) ①사물인터넷, ②빅데이터, ③인공지능, ④가상현실, ⑤웨어러블 디바이스, ⑥줄기세포, ⑦유전공학·분자생물학, ⑧분자영상, ⑨나노소재, ⑩3D 프린터, ⑪신재생 에너지, ⑫온실가스 저감기술, ⑬에너지·자원 재활용 기술, ⑭우주기술, ⑮원자력 기술

<'삶의 질을 중시하는 라이프스타일' 이슈와 기술 간 연관관계>

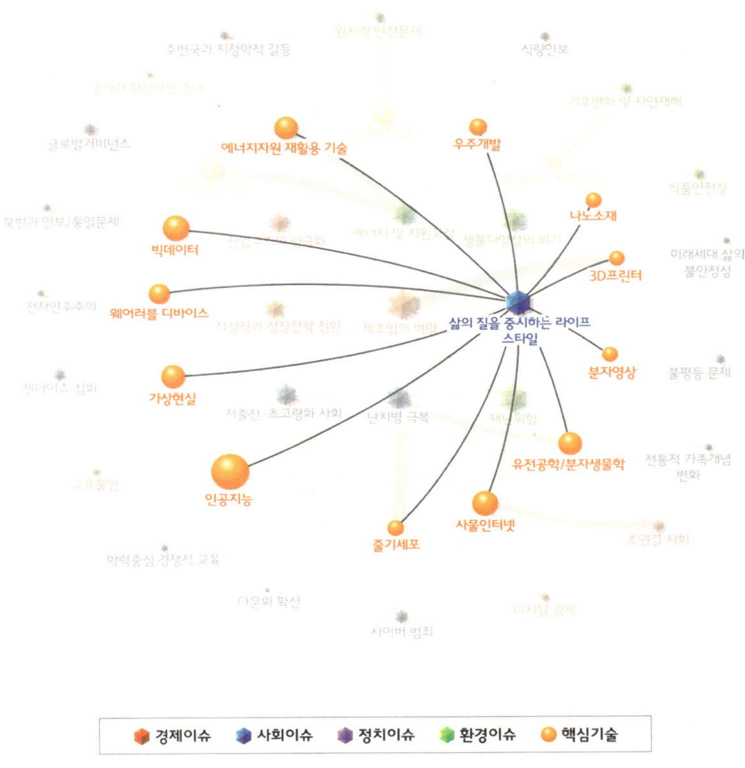

※자료: 미래창조과학부 미래준비위원회, 미래이슈 분석보고서, 2015.07

:2: 행복한 미래를 위한 가치관 조사

미래준비위원회는 지난 2015년 10월 28일부터 2015년 11월 8일까지 총 12일 동안 14세 이상 60세 미만 전 국민 2,000명을 대상으로 설문조사를 실시하여 성별, 연령, 고용형태, 등에 대하여 행복한 미래와 관련한 요인, 영역, 인프라에 대한 인식을 조사ㄴ하였다.

◆ '소득/자산', '건강'이 행복에 가장 필요

먼저 행복한 미래를 위해 필요한 요인을 질문한 결과, '소득/자산'과 '건강'을 가장 필요한 요인으로 꼽았다. 이는 삶에서 기본이 되는 '소득/자산'과 '건강'의 충족이 불충분하여 절실히 필요로 하는 것을 보여준다.

'소득/자산'과 밀접한 '고용/일'에 대해, 청년층(20~39세)은 높은 필요성을 응답한 반면, 50세 이상은 상대적으로 낮은 필요성을 인식하였다. 50대 이상은 은퇴를 위한 자본소득의 측면에서 '소득/자산'을 필요로 하는 것으로 추측할 수 있다. 한편, '여가/휴식'과 '시민참여'는 청소년층(20세 미만), 청년층(20~39세)이, '주거환경'은 청년층(20~39세)과 중년층(30~49세)이 행복을 위하여 필요한 요인으로 인식하였다. 반면 '교육'과 '개인적 관계'는 그 필요성이 가장 낮게 인식되고 있었다.

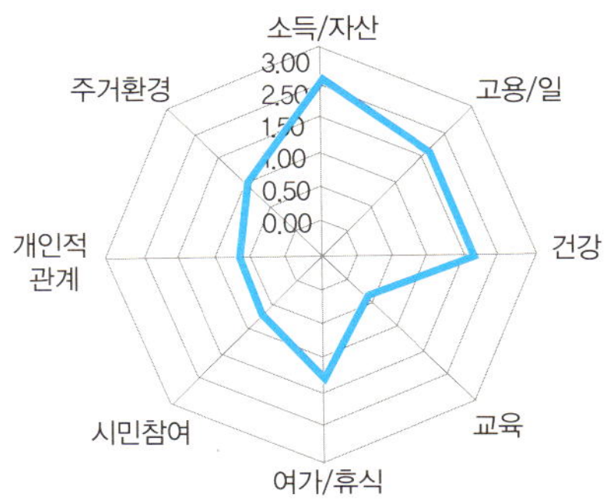

연령대	1위	2위
14~19세	고용·일	소득·자산
20~29세	소득·자산	고용·일
30~39세	소득·자산	고용·일
40~49세	소득·자산	건강
50~59세	소득·자산	건강

◆ **행복에 필요한 영역으로 '개인', '가정', '일터', '사회'를 균등하게 인식**

　행복을 위해 필요한 영역이 무엇인가라는 질문에 국민들은 '개인생활', '가정', '일터', '사회' 영역이 균등하게 높은 필요성을 갖는다고 응답했다. '공동체' 영역의 필요성은 상대적으로 낮게 응답하였다. 경제적 요건의 충족과 함께 개인생활 및 가족관계를 통한 일과 삶의 균형이 중요해졌으나, 지역사회 및 공동체 관계의 필요성은 낮게 인식하고 있는 것을 나타낸다. 특히 청소년층과 청년층은 '사회' 영역과 함께, '가정' 및 '일터' 영역의 필요성도 동등하게 인식하였다.

'일터' 영역은 대부분의 연령대에서 그 필요성을 높게 인식하나, 50세 이상에서는 필요성을 상대적으로 낮게 응답하였다. '개인생활'과 '가정' 영역은 대부분의 세대에서 필요성을 높게 인식하며, 특히 30대가 높은 필요성을 응답하였다.

〈행복을 위한 영역〉

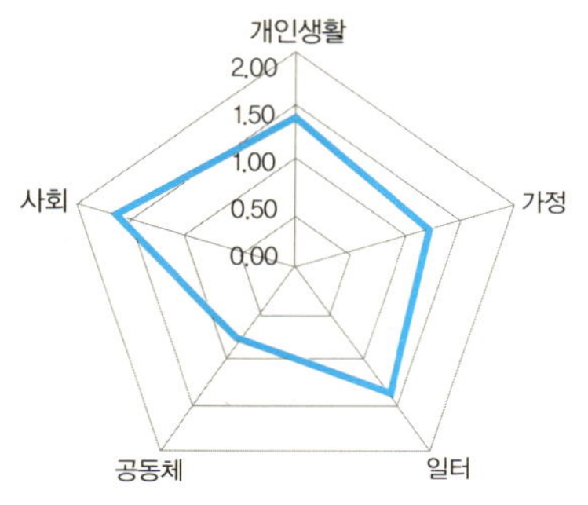

연령대	1위	2위
14~19세	사회	일터
20~29세	사회	일터
30~39세	사회	일터
40~49세	사회	일터
50~59세	개인생활	사회

◆ **행복을 위해 공공부문이 담당할 인프라로 '사회복지', '사회안전'이 가장 필요**

행복한 미래를 위한 인프라로 '사회복지', '사회안전', '교육시스템', '환경·경관', '보건·의료'의 필요성이 높은 것으로 조사되었다. 경제적 불안에 대하여 사회복지를 확충하고, 최근 우려가 높아지는 자연재해 및 사회적 재난에 대하여 사회안전을 확보할 필요성이 제기되는 것이다. '사회복지'와 '사회안전'에 대해서는 대다수 연령층에서 행복을 위하여 가장 필요한 인프라로 조사되었으며, 이러한 인식은 청년층(20~39세)에서 특히 두드러진다. 그리고 '환경, 경관' 인프라에 대해서는 30~39세의 연령층에서 특히 필요하다고 응답하였고, '보건, 의료' 인프라에 대해서는 청년층(20~39세)에서 필요성이 높다고 응답하였다. 한편, 앞의 행복요인별 분석에서 '교육'은 그 자체로는 필요성이 높지 않았으나, '교육시스템' 인프라에 대해서는 30세 미만의 연령층에서 개선의 필요성이 높다고 조사되었다.

〈행복을 위한 인프라〉

연령대	1위	2위
14~19세	사회안전	사회복지
20~29세	사회복지	사회안전
30~39세	사회복지	사회안전
40~49세	사회복지	사회안전
50~59세	사회복지	사회안전

:3: 미디어로 본 라이프스타일 관련 인식

라이프스타일과 관련한 사회적인 인식을 살펴보기 위해 한국정보화진흥원(NIA) 데이터베이스 및 프로그램을 이용하여 언론 및 소셜미디어에 투영된 '삶의 질'에 대한 인식을 분석하였다. 2013~2015년 10월 '삶의 질'을 언급한 뉴스, 페이스북, 트위터, 블로그 문서 총 373,530건을 분석하였다. 그 결과, 사람들은 삶의 질과 관련하여 크게 '웰빙', '다양성'과 '지속가능성'을 추구하는 것으로 분석되었다.

사람들은 '웰빙'을 위해서는 일자리를 확보해 경제적 안정을 달성하면서 건강을 유지하고, 일과 가족 간 균형을 이뤄야 한다고 생각하는 것으로 나타났다. '다양성' 측면에서는 획일화를 강요하지 않고 다채로운 인생과 경험, 문화를 인정하고 소통하려는 것으로 나타났다. '지속가능성' 측면에서는 다양한 구성원이 통합하여 소외·취약계층을 보호하는 사회와 자연이 공존할 수 있는 친환경 시스템을 희망하는 것으로 나타났다.

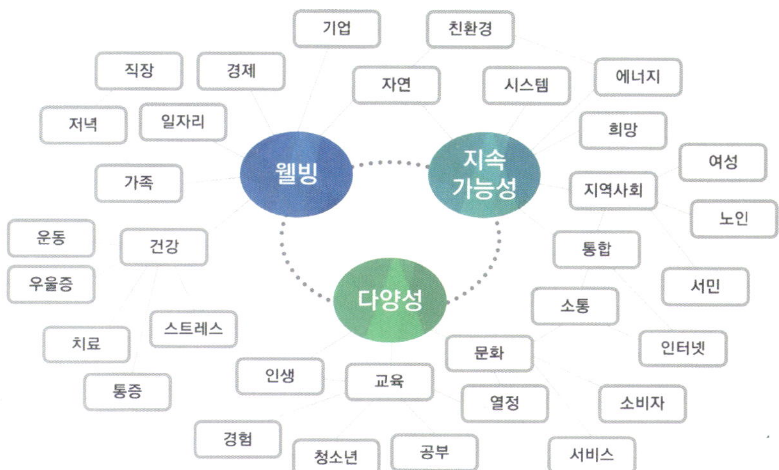

◆ '웰빙'으로 경제적/정서적 안정 추구

미디어상의 웰빙 이슈는 '건강', '가족', '일자리', '경제', '기업', '자연'과 직접적인 연관관계를 나타내고 있다. 개인의 삶에 대한 전반적인 만족감을 의미하는 '웰빙'은 건강, 경제생활 및 가정생활의 측면에서 삶의 질과 관련이 있다. '건강'은 신체적·정신적 측면의 건강에 대한 관심으로 나타나며 미디어상 키워드 출현빈도에서 지속적으로 상위권을 차지하였다. 단순한 육체적인 건강뿐 아니라 정신적 건강에 대한 관심은 '우울증', '스트레스' 등의 키워드를 통해 확인할 수 있다.

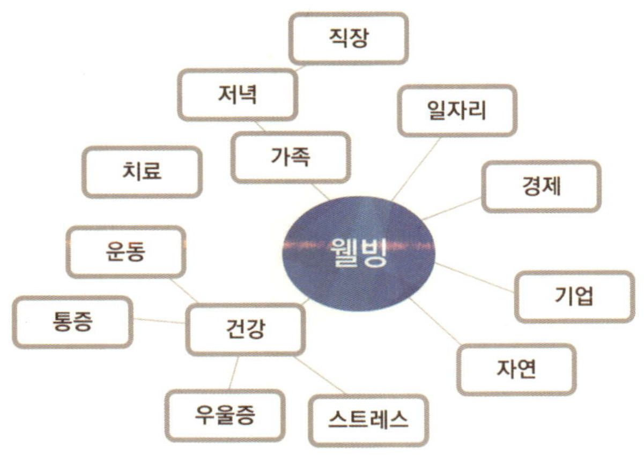

　'웰빙'은 기본적인 의식주의 선결을 필요로 하므로 '경제', '일자리'의 키워드와도 연관을 보인다. 특히 지금처럼 높은 청년실업률이 지속되는 상황에서 청년들에게 '일자리'와 '경제'는 절실한 요구임에 틀림없다. 글로벌 경제위기 속에서 안정적인 일자리와 경제수준은 웰빙을 위한 필요조건이 되었다. 또한, '가족'이 '저녁', '직장'의 키워드와 함께 미디어에 등장하고 있다. 경제적 요건의 충족과 함께 '가족'과의 관계를 통한 저녁이 있는 삶, 일과 가정의 양립이 중요하게 요구되는 것을 알 수 있다. 또한, 웰빙은 개인뿐만 아니라 자연과 환경의 더 큰 차원까지 고려하는 방향으로 확장될 수 있다.

◆ '다양성' 추구

삶의 질적 가치가 중요해지면서 과거에 비하여 다양한 개인의 가치가 존중되고, 사회구성원 간 조화를 이루어 살아갈 수 있도록 하는 다양성이 중요시된다. 미디어 분석 결과, 다양성과 직접적인 연관관계에 있는 이슈는 '교육', '인생', '문화'로 나타났다.

<키워드로 본 '다양성'에 대한 인식(2013~2015)>

'교육'과 관련된 키워드로 '청소년', '공부', '경험', '열정'이 뽑혔다. 이는 우리나라 교육이 기존에는 청소년들에게 획일화된 입시위주로 이루어졌으나, 이제는 경험과 열정을 바탕으로 창의력과 리더십을 갖추는 교육에 대한 요구가 높아지는 것을 나타낸다.

글로벌화에 따라 다양한 문화가 유입되고 다양한 인종이 어우러져 살게 되었다. 국내 거주 외국인 수는 '15년 1월 기준 174만 1,919명으로 '06년과 비교하여 3배 수준으로 증가하였으며 이는 한국사회가 다문화 사회로 빠르게 진입하고 있음을 보여준다. 이에 따라 다문화사회에 대한 인식 변화가 요구되고 있으며, 다양한 문화와 공존과 소통이 중요해지고 있다.

◆ '지속가능한' 사회 및 친환경시스템

사회적 차원에서 통합을 지속하며 자연환경과 조화를 이루는 '지속가능성'도 삶의 질과 밀접한 관련을 보였다. 미디어 분석에서 '지속가능성'과 직접적인 연관관계에 있는 키워드는 '지역사회', '통합', '친환경', '자연', '통합', '에너지', '시스템', '희망'으로 나타났다.

〈키워드로 본 '지속가능성'에 대한 인식(2013~2015)〉

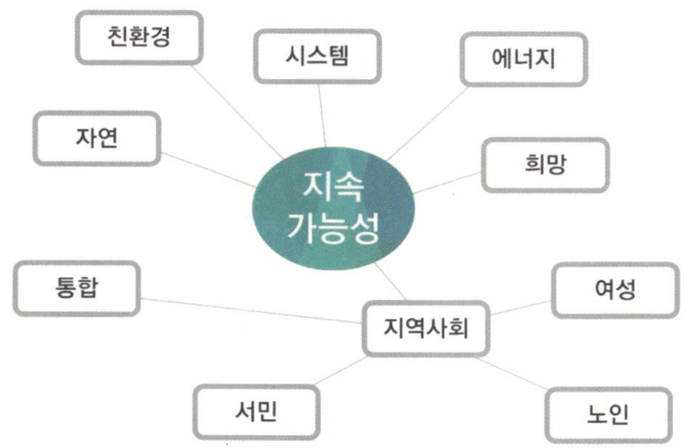

사회통합의 측면에서 지역사회에 관심을 기울일 것과 '여성', '노인', '서민' 등 소외계층을 고려하는 것이 필요하다고 인식되고 있다. 또한 환경적인 측면에서 '자연', '친환경', '에너지' 등의 키워드가 관련성을 보인다. 경제성장만을 강조해서는 삶의 질을 지속적으로 유지하고 세계적 문제를 해결할 수 없기 때문에 '지속가능발전[25]'의 개념이 강조되고 있다. 지속가능한 친환경 에너지 시스템을 구축하고, 환경과 경제의 선순환을 이루기 위한 적극적 노력의 필요성이 제기된다.

---

25) '지속가능한 발전' 또는 '지속가능한 개발'은 환경을 보호하고 빈곤을 구제하며, 장기적으로는 성장을 이유로 단기적인 자연자원을 파괴하지 않는 경제적인 성장을 창출하기 위한 방법들의 집합을 의미

제**3**장

포괄적
미래전략

꿈꾸는 미래사회 모습

우리가 사는 이 시대는 빠르게 변화하고 있다. 저출산·고령화 시대를 맞고 있으며 도시화가 급속도로 진행되고 있다. 국가 간 장벽이 없어지면서 노동인구의 이동이 활발해졌으며, 기후변화로 인한 지구온난화와 자원부족에 대한 해결책 마련이 국제이슈로 거론되고 있다. 과학기술은 빠른 속도로 발전을 거듭하며 우리가 사는 방식의 많은 부분을 바꿔나가고 있다.

사회의 변화와 함께 개인이 삶을 바라보는 인식도 변해왔다. 삶의 형태가 다양해짐에 따라 개개인의 차별화된 가치기준을 존중하고, 다층적 소비가 증가하면서 소유에서 공유 중심의 소비방식으로 바뀌고 있다. 또한, 삶 속에서 양적 성장만을 중시했던 예전과 달리 개인의 행복 및 정신적인 풍요도 함께 추구하고자 하며, 개인과 개인, 개인과 사회, 개인과 자연과의 건강한 관계 구축, 다시 말해 '공존'하는 삶이 중요해지고 있다. 행복을 위해 '개인'뿐 아니라 '가정', '일터', '사회'까지 필요한 영역으로 인식하기 때문이며, 이를 위해 구

축해야 할 인프라로 '사회복지' 및 '사회안전'을 가장 많이 요구하고
있다.

　이러한 변화를 토대로 미래사회에서의 '삶의 질을 중시하는 라이
프스타일'의 모습을 그려보자면, 개인의 행복을 제일가치로 두면서
어떻게 공존해나갈 것인지가 핵심이다. 삶 자체가 다양해지면서 이
제 전통적이고 획일화된 문화를 계속적으로 고집하기가 어렵게 되
었다. 개인의 다양성을 인정하고 공감할 수 있는 사회 분위기 조성
을 지향할 것이며, 이는 차이를 인정하고 공존과 상생의 가치를 지
향하는 사회를 만들고자 함이다.

　이제는 삶 속에서 단지 '성장'뿐만이 아닌 '행복'이라는 가치를 함
께 우선시하게 된다. 그래서 지나치게 결과와 보상만을 중시하여 경
쟁만을 강조하기보다 동기부여를 통한 과정 속에서 시너지 창출을
위한 협력과 건강한 경쟁의 적절한 조화를 추구하고자 한다. 또한
소비패턴도 물건을 단순히 소유하기보다는 공유를 통해 경제적 부
담은 줄이며, 경험하고 체험하는 것을 중시하는 방향으로 가치관이
변화하고 있다.

02^절

미래전략 및 중점과제

《미래 변화 방향》

양적 성장의 시대를 지나 **삶의 질을 중시하는 라이프스타일**의 시대로 도약

• 전통적 획일화된 문화	• 개인의 다양성을 존중하는 문화
• 성장중심	• 행복과 성장을 함께 추구
• 차이와 차별의 문화	• 공존 · 상생의 가치 지향
• 결과 중심의 문화	• 과정을 중시하는 문화
• 경쟁을 통한 발전	• 협력과 경쟁을 통한 혁신
• 보상 중심 사회	• 동기 중심 사회
• 개인 소유를 통한 경제	• 소유와 공유를 통한 경제

다양성 존중 및 지속가능한 공존사회 실현	① 개인화 및 가족형태 다양화에 따른 차이 존중 문화 형성 ② 환경적 지속가능성을 동반한 미래지향적 공존 가치 추구
생애주기별 (Life Cycle) 핵심현안 해결	① 청소년층: 공감적 의사소통능력 및 창의력 증진 ② 청년층: 경제적 자립 실현 및 도전 가능한 토대 마련 ③ 중장년층: 일과 가정의 양립 지원 및 노후 안정 ④ 노년층: 다양한 건강관리 · 여가문화 창출 및 사회활동 기회 확대
미래사회 삶의 질 인프라 선진화	① '안전'한 사회관계 구축 ② '편리'한 사회 인프라 확충 ③ '쾌적'한 생활환경 인프라 조성

다양성 존중 및 지속사능한 공존 사회 실현

:1: 개인화 및 가족 형태 다양화에 따른 차이 존중 문화 형성

◆ 다양성 존중을 위한 법적·제도적 개선 및 인식 변화 필요

최근 개인들은 양적 성장과 동시에 질적 향상을 중요시하고 있다. 추구되는 가치가 변화하면서 다양한 측면에서 나타나는 문화적 차이를 포용하는 사회 분위기가 만들어져야 함께 성장하고 삶의 질이 향상될 수 있다. 이를 위하여 사회적으로 존재하는 여러 가지 차별에 대한 법적·제도적 예방책의 장기적 추진이 필요하다.

특히, 현재 사회적 차별에 대해 판단하고 대응하는 다양한 기구의 기능을 강화할 필요가 있으며, 다양한 장에서 상이하게 나타나는 사회적 차별에 대하여 일관성 있는 원칙을 세워야 한다. 단지 이민으로 인한 문화적 다양성에 대한 배려가 아니라, 서로 다른 문화적 배경을 가지고 각자 추구하는 가치에 대한 존중이 이루어져야 하는 것이다. 이는 또한 현재 성장하고 있는 자녀와 앞으로 탄생할 자녀가 살아갈 미래에 대한 준비라고 인식할 필요가 있다.

◆ 더불어 살 수 있는 사회적 인식 제고 및 문화 정착 필요

다문화사회로의 진전과 함께 자녀세대 성장, 취업욕구 증가 등 정책수요가 다양해지고, 사회 전반의 다문화 수용성도 확대해야 할 상황에서 정부는 다문화가족지원법을 제정하고 다문화가족지원정책 기본계획을 수립하여 시행하고 있다. 2011년부터는 다문화가족 범위를 확대하고 다문화가족 정책기반을 마련하였다. 하지만 여전히 한국인 배우자, 자녀 등을 대상으로 한 결혼이민자의 문화 등에 대한 이해도는 미흡한 상황이다. 다문화가족에 대한 사회적 관심은 증대하였으나 역차별논란, 외국인혐오 등 다문화가족에 대한 부정적인 인식은 여전하다.

다문화가족에 대한 인식의 재정립을 위한 문화 프로그램이 필요하다. 다양한 문화를 있는 그대로 존중하는 문화를 확산하고, 출신국가나 인종 등에 대한 차별적·부정적 인식의 개선을 강화할 필요가 있다. 다시 말해, 우리나라 제도권 교육 안에서 나와 다른 인종과 민족에 속하는 개인을 대하는 방식, 함께 살아가는 데 필요한 태도, 상대방 문화에 대한 존중 등을 가르쳐야 한다.

다양한 분야에서 다문화가족들의 일자리 수요가 꾸준히 발생하고 있다. 이에 따라 단기적으로 운영되는 취업지원 교육과 프로그램보다는 결혼이민자의 취업단계별 지원프로그램을 제공하고 취업 이후에 관리까지 연계하여 지원하는 프로그램이 필요하다.

다문화 가족의 가정폭력과 이혼문제 등도 심각한 이슈이다. 가족해체 등을 예방하기 위하여 상대방에 대한 기본적인 이해를 돕는 실효성 있는 사전교육 프로그램이 필요하다.

◆ 다양한 가족형태의 등장으로 관련 정책의 변화 필요

2000년 이후 한국사회에서 가족의 형태와 의미가 급격히 변화하고 있다. 1인가구, 한부모가정 등 다양한 형태의 가족이 증가하고 있는데, 이러한 경향은 개인화뿐 아니라 고령화, 생애주기별 경제상황 등이 복합적으로 작용해서 나타난다. 이러한 현상은 앞으로 혼인연령의 상승과 비혼인구의 증가로 더욱 심화되며 가족의 형태는 더욱 유연하고 다양하게 나타날 것이다. 현재 1인가구가 급격히 늘고 있으며, 다양한 연령대와 성별이 1인가구로 생활하고 있다. 하지만 가족지원정책의 대부분이 여전히 전통적인 4인가구에 맞춰져 있으며, 현재 1인가구 지원책은 장기적인 돌봄이 필요한 노인이나 저소득층에 국한되어 있다.

앞으로의 정책목표는 과거의 전형적인 가족 형태를 전제로 한 제도적인 기준과 장치들이 다양한 가족형태를 포괄할 수 있도록 개선하는 방향으로 설정해야 할 것이다. 부양가족이 많은 가족 형태에 대한 뒷받침을 약화시키기보다는 1인가구나 한부모가족의 고충에 대한 현실적인 연구와 정책적 고려가 이루어져야 한다. 이러한 개선은 물론 고용이나 주거, 사회복지 전반에 걸쳐 이루어져야 할 것들이기 때문에, 각 부문에 대한 깊이 있는 정책개선을 고려함과 동시에 고용, 주거, 자녀 또는 노인 돌봄, 지역사회의 대응방안 또는 모범 사례를 횡적으로 고찰하는 경험적인 연구들이 필요하다(박명선, 2006).

우선, 1인가구의 연령별, 계층별, 성별 특성에 대한 유형분석을 기반으로 하여 정책적 함의를 연구해야 한다. 2010년 기준으로

23.9%를 차지하는 1인가구는 통계상 남자 28세, 여자 26세와 79세를 정점으로 나타나는데, 앞으로 비율은 더욱 증가하고 연령은 더욱 늦춰질 것으로 보인다(통계청, 2010). 주거형태는 보증금 있는 월세인 경우가 많은 열악한 여건인데, 1인가구 형태가 상당 기간 지속된다는 점을 감안하면 단독세대주로서 임대주택 공급이나 주택대출 등의 금융지원에서 제도적인 개선점이 필요할 것이다.

또한, 한부모가족의 경우 2010년 현재 393만 가구 정도로 1인가구와 비슷한 수와 비율을 보이고 있지만(통계청, 2010) 이에 대한 제도적·행정적 고려는 아직 부족하며, 현재 한부모가족지원법(2015)에 근거하여 이루어지는 사업들은 기본적인 사회복지 지원만을 제공하고 있는 상황이다(김은지 외 2014). 특히, 300만 가구가 넘는 여성 한부모가족의 경우에는 노동시장에서 고용의 기회가 적은 여성에 대한 지원책을 보완하고, 고용된 후에는 양육과 관련된 배려가 이루어질 수 있도록 가족친화적 직장문화(장혜경, 2012)가 장려되어야 할 것이다. 남성과 여성의 육아휴직을 포함한 직장문화의 실태와 변화를 이끌어낼 수 있는 방향에 대한 연구가 절실한 상황이고, 앞으로의 직장문화와 기업문화의 방향을 제시함으로써 사회적 인식과 제도적인 장치들이 현실에 맞도록 구체적인 방안들을 도출해 내야 한다.

:2: 지속성을 동반한 미래지향적 공동체 가치 추구

◆ 지속가능성을 위한 환경정책 및 제도 마련

우리 사회는 단기간에 집중적인 산업화를 경험한 결과 지속가능성을 위협하는 부작용을 겪고 있다. 지속가능성은 환경보호뿐 아니라 자원의 효율적인 활용, 기업의 사회적 책임, 경제성과의 공정한 배분 등을 포함한다. 지속가능성 이슈는 환경기준이 무역장벽으로 작용하고 탄소배출권이 거래되는 것에서 볼 수 있듯이 국제교역과 맞물려 시급한 문제로 다가와 있다.

이러한 점에서, 기후변화와 관련하여 세계기후협약에 적극적으로 대처하는 것이 시급하다. 우리나라 경제는 에너지 집약적 산업을 위주로 하므로 신속한 대응책을 마련하고, 장기적인 지속가능성의 관점에서 환경정책과 긴밀하게 연계를 이루어야 한다. 기업의 환경적 책임을 포함한 사회적 책임을 효과적으로 물을 수 있는 법제를 마련하고, 지역 경제 수준에서 자원과 서비스를 공유하며 재활용하는 정책을 추진해야 한다.

◆ 소비형태의 다양화에 따른 지속가능성 관련 기술 및 상품 개발 필요

최근 우리 사회는, 취향의 다양화에 따른 표적(target) 마케팅이나 적소(niche) 마케팅으로 상품이 다양해지고 시장이 새로이 창출되며 소비의 주기가 빨라지고 있다. 이러한 상황에서 전지구적인 문제인 기후변화에 대응하기 위해 환경친화적인 상품에 대한 수요가 늘고 있고, 윤리적 소비, 녹색소비의 움직임은 세계 무역의 흐름에도 이미 많은 영향을 주고 있다. 환경기준이 무역장벽으로 이용되거나 선진국의 친환경 기술이 새로운 표준으로 등장하여 개발도상국으로 고가에 수출되는 현상도 쉽게 관찰할 수 있다.

녹색소비는 소비자 의식전환과 함께 친환경 기술의 개발을 통해 시장 경쟁력을 높이는 정책적 지원을 필요로 한다. 녹색소비 관련 산업 및 인프라 기술개발이 전 세계적으로 이루어지며, 시장선점을 둘러싼 경쟁이 이루어지고 있으므로 국내의 기술개발 및 상용화가 시급하다. 이와 함께, 공공기관 의무구매나 환경마크 제도, 탄소 포인트제 등의 실효성 있는 시행이 필요하다.

◆ 사회적 경제가치를 함께 고려한 친환경 정책 마련

교통 인프라의 경우, 대기오염과 기후변화에 따른 새로운 환경기준에 맞는 기술 개발이 절실하다. 질소산화물이나 이산화탄소 배출이 많은 산업의 공기정화 기술이나 친환경 자동차 관련 기술들이 앞으로 핵심이 될 것인데, 기술적으로 가능하나 상용화되지 않은 기술들을 오염 저감 장치, 용수 순환 시스템, 대체연료 자동차 또는 전기자동차의 생산 등에 적용될 수 있어야 한다. 이러한 기술의 상용화는 앞으로 늘어날 동아시아의 친환경 기술 수요와 맞물려 큰 중요성을 가지고 있다.

또한, 환경친화적 자원순환 시스템이 친환경 기술 개발과 더불어 각 산업 부문에서, 그리고 소비자의 수준에서는 지역 단위에서 구축되어야 한다. 공업용수를 친환경적으로 정화하거나 재활용하는 공장설비가 실제로 설치·운영되어야 하는데 제도적으로 현실화되도록 하는 정책방안이 필요하다. 소비자의 수준에서는 공유경제의 활성화 측면에서 중고품 활용이나 폐기물 재활용이 지역기반으로 이루어져야 하는데, 이를 위한 공공사업이나 사회적 기업 지원 등의 방안을 연구·검토할 필요가 있다.

◆ 지역사회와의 공존을 위한 공동체 활동 확산 지원

사회적 기업 지원은 일자리 창출 위주의 정책으로 실행되고 있다. 사회적 기업은 물론 일자리 창출에도 기여할 것이나 궁극적으로 사회서비스 제공 및 지역사회 공존활동을 목표로 한다. 이러한 사회적 가치가 균형적으로 추구될 수 있도록 정책방향을 개선할 필요가 있다.[26] 정부는 사회적 기업이 자발성·다양성 및 지속가능성을 유지하면서 사회적 목적을 실현할 수 있도록 지원하는 것이 필요하다.

지역시민들의 공익활동 참여를 장려하기 위해 지방자치단체 차원의 지원정책이 필요하다. 지역사회 조직을 결성하기 위해 경제적 지원을 통해 공익활동 참여를 지원한다. 또한 결성된 조직에 대한 정보를 공유하여 관심 있는 공익활동에 참여하도록 함으로써 지역공동체의 지속적인 발전이 이루어지도록 하는 것이다.

---

26) 사회적 기업 지원제도의 문제점, 윤창술 경남과학기술대 교수, 2015

생애주기별 핵심현안 해결

:1: 청소년층(20세 이하): 공감적 의사소통능력 및 창의력 증진

◆ 공감능력 향상을 위한 사회적 소통창구 마련 및 리더십 역량 강화 교육 필요

현재 우리 교육은 지나치게 경쟁중심에 놓여있다. 그로 인해 청소년들은 타인과의 사회적 소통보다는 경쟁에 익숙해져 소통 능력이 떨어지고 공감능력이 저하되어 여러 가지 문제가 발생하고 있다. 근본적으로 한줄 세우기에 급급한 점수 중심의 학생 평가를 줄이고, 학생들의 다양한 개성을 존중하고 그것을 평가의 척도로 삼는 학교제도의 근본적인 변화가 필요하다. 대학 입학을 고등학교의 사명이라고 생각하는 상황에서 올바른 교육은 이루어지기 힘들다. 대학 입시는 대학들이 다양한 기준을 통해 학생을 선발할 수 있도록 하고, 중고등학교는 그 자체로 의미 있는 교육 서비스를 제공해야 한다.

심각성을 더해가는 청소년 범죄는 청소년들의 공감적 의사소통능력 부족에 중요한 원인이 있다고 할 수 있다. 이를 해결하기 위해 사회적 관계 형성을 위한 공감능력 향상이 필요하다. 또한, 청소년 삶의 만족도에서 사회적 관계 형성이 매우 중요한 역할을 하게 됨에 따라 청소년들의 정서적 공감능력 향상 및 이들이 마음을 터놓을 수 있는 사회적 소통 창구를 마련해야 한다.

입시·스펙 위주의 교육은 청소년들의 다양한 소질과 적성 개발을 어렵게 한다. 일방적인 경쟁중심 교육이 아닌 학생의 흥미, 의욕, 능력, 이해 등 개성을 고려한 교육으로 전환하여 다양한 소질과 적성 개발이 가능하도록 돕는 교육이 필요하다. 주어진 보기 속에서 선택하는 제한된 사고를 지양하고, 유연한 사고전환, 문제해결 능력, 의사소통 기술 등의 리더십 역량을 강화하는 교육이 필요하다.

◆ 수평적 협력 경험 제고할 수 있는 제도 및 프로그램 개발

경쟁형 교육을 탈피하여 수평적 협력을 통해 네트워크를 구축하고 호혜적 관계를 유지시키는 경험이 필요하다. 경쟁보다는 타인과의 소통을 중시하는 문화 형성이 필요하다. 사회적 이슈를 토론하는 것뿐만 아니라 개인의 문제를 타인과 공감하고 소통할 수 있는 네트워크를 구축해야 한다. 이를 위해 교내 상담교사 배치 및 활용의 실효성을 제고할 필요가 있고, 학생들이 자유롭게 소통할 수 있는 소통프로그램 마련이 필요하다. 학교뿐만 아니라 지자체 및 시민단체가 협력관계를 체계적으로 구축하여 청소년들이 토론할 수 있는 프로그램 및 공간을 마련하는 것도 중요하다. 공감능력 저하문제의 핵심은 청소년들이 참여자가 아닌 관찰자 혹은 방관자가 될 수밖에 없는 사회구조와 제도에 있다고 볼 수 있다. 청소년이 사회적·일상적 이슈에 대한 소통에 참여할 수 있는 기회를 제공해야 한다.

◆ 입시대비형 교육에서 문제해결형 교육으로 전환이 필요

　입시 위주의 획일적이고 경쟁적인 교육환경에서는 청소년들이 자신의 흥미와 적성에 부합하는 자기계발의 기회를 찾기 어렵다. 입시 위주의 교육은 사교육비의 증가를 가져와 우리나라의 사교육비 수준은 GDP 대비 2.75%로 OECD 평균인 0.91%보다 월등히 높다. 이처럼 입시 위주의 교육은 과도한 사교육비 투자를 가져와 가계부담을 가중시키고 다양한 교육프로그램 접근의 기회를 제한한다.

　이러한 문제를 해결하기 위해서는 팹랩(Fab Lab), 리빙랩(Living Lab), 메이커스[27] 등을 활용하여 현실 문제의 솔루션을 도출하는 교육이 필요하다. 현실 문제에 대한 관심을 높이고 사회에 직접 참여하여 여러 사람과 문화와 아이디어를 공유해가며 문제를 해결하는 방식의 교육은, 공감능력 저하문제를 해결할 뿐 아니라 자신의 흥미와 적성을 찾는 좋은 기회가 될 것이다.

◆ 데이터 독해력 제고를 위한 교육 추진

　정보통신기술의 급속한 발전으로 수많은 데이터가 생산되고 다양한 분야에 이용되고 있다. 21세기는 데이터의 시대로 데이터 생산과 결합, 분석 등을 대비함과 동시에 데이터를 잘 독해할 수 있는 능력 함양이 필요하다. 그러므로 데이터 독해력(data literacy) 제고를 위한 교육이 청소년 시기부터 실시되어야 할 것이다. 초중고 소프트웨어

---

27)　팹랩(Fab Lab, Fabrication Laboratory): 레이저커터, 3D 프린터 등 디지털 제작 장비들을 통해 자신의 아이디어를 구현할 수 있는 공공 제작공간
　　리빙랩(Living Lab): 실제 생활현장에서 사용자와 생산자가 공동으로 혁신을 만들어 가는 실험실 및 테스트베드
　　메이커스: 취미로 집이나 사무실에서 공구를 이용해 물건을 만드는 활동

교육 등 디지털 독해력 제고를 위한 교육은 미래 국민의 디지털 역량 강화에 큰 도움이 될 것이다.

:2: 청년층(20세~35세):
경제적 자립 실현 및 다양한 도전의식

◆ 양질의 일자리 창출로 경제적 자립 및 도전의식 제고

청년을 위한 양질의 일자리가 부족하여 경제적 자립이 어려워지고 사회진입 시기부터 좌절감이 심화되었다. 청년층의 취업난은 경제난, 주택난으로 이어져 생활 수준을 악화시키고 부모세대에 부담으로 작용하고 있다. 그러므로 일자리의 단순한 양적 팽창이 아닌 질적 측면을 제고하여 청년들의 경제적 자립을 지원해야 한다. 청년층은 좌절에 의한 무력감과 불안감으로 진취적 도전의식을 상실하고 사회의 역동성이 약화되고 있다. 성취감 및 보람을 얻을 수 있는 일에 적극적으로 도전하기보다 안정적인 직장을 선호하는 분위기가 확산되고 있다. 도전의식을 가지고 다양한 경험 속에서 실패에 대한 두려움을 극복하고 자신만의 역량을 개발할 수 있도록 지원하는 방안이 필요하다.

◆ 청년층의 사회진출을 위한 범부처 간 협력 체계 구축

모든 부처가 청년층의 사회진출을 지원하는 정책협력 네트워크를 구성하여 총체적으로 지원할 필요가 있다. 미래세대를 위해 부처 간 정책협력체계를 구축하여 청년층의 사회 진입에 긍정적인 영향을 줄 수 있는 법적·제도적 조치를 복합적으로 실행해야 한다. 이는 세대인지적 정책이 기본적인 정책기조의 하나가 되어야 한다는 것을 의미한다. 신규 지역개발 계획을 실시할 때 미래세대의 복지를 감안하여 기금을 마련하는 등 예산에 대한 우선적 고려도 필요하다.

◆ 청년 스타트업에 매칭 시스템 마련

청년 스타트업 매칭 시스템은 창업 시 공공지원센터를 통한 모니터링을 통해 파산을 방지하고 이익을 공동투자자와 공유하는 제도이다. 청년 스타트업 상담 및 컨설팅 시행 등으로 사업역량을 강화한다. 그리고 유경험자들과의 연결을 통해 투자확보의 기회를 얻고, 사업에 대한 경험, 정보도 공유할 수 있다. 이러한 시스템에서 청년층의 스타트업이 활성화되면 청년층의 실업난 해소에 큰 도움이 될 것이다.

◆ 미래세대 인지형 정책시스템 구축

미래세대에 부담을 주는 정책의 입안 및 법제화를 제한하도록 하는 시스템 구축이 필요하다. 정책은 세대별 장기적 영향에 대한 고려가 부족한 채 수립되는 경우가 많다. 이런 상황에서 미래세대에

전가되는 부담은 결국 국민 전체의 이익에 악영향을 미칠 수 있다.

:3: 중장년층(36세~69세):
   일과 가정의 양립과 안정적인 노후추구

◆ 일 가정 양립을 위한 유연한 조직문화 도입 및 안정적인 노후준비 필요

일과 가정의 균형을 위해 제도의 도입과 함께 유연한 조직문화의 조성이 필요하다. 장시간 근로와 일상화된 야근, 주말근무를 지양하고 실질적으로 휴가를 사용할 수 있어야 한다. 그리고 스마트 워크 제도를 도입하고 사용을 활성화하여 업무의 효율성을 제고할 필요가 있다. 한편, 길어진 노후에 대비하여 중년층에게는 삶의 질 향상을 위해 안정적이고 행복한 노후 준비가 필요하다.

◆ 은퇴설계를 위한 원스톱 서비스 마련

창업이나 재취업을 준비하는 중년층의 재교육과 재무설계 등을 위한 원스톱 서비스 창구 마련이 필요하다. 보건의료 기술의 발달로 평균수명이 증가하면서 노후에 보내는 삶이 더욱 많아졌다. 이처럼 길어진 노후에 대한 준비 없이 생애 주된 일자리에서 퇴직하는 중년층이 늘어나고 있다. 나이의 장벽과 직무능력개발의 부재로 인하여 자영업과 단순노무직으로 재취업하는 비율이 높아지고 있다. 창

업이나 재취업에 대한 교육과 재무설계 등이 없이 사업이나 일을 시
작했다가 적응에 실패하고 경제적 곤란에 빠지는 경우가 늘고 있다.
이러한 현상은 결국 노후 삶의 질 하락으로 이어진다. 그러므로 중
년층의 재교육과 재무설계 등의 서비스를 제공하면서 창업이나 재
취업이 이루어질 수 있도록 종합적으로 관리하는 원스톱 서비스 창
구 마련이 시급하다.

◆ 평생학습계좌제도 개선 및 확대 시행 필요

현재 시행되고 있는 평생학습계좌제의 확대시행이 중요하다. 평생
학습계좌는 현재 개인의 학습경험 및 역량과 경력 등을 온라인상에
관리하여 고용정보로 활용하는 정도의 수준에서 운영되고 있다. 이
정책을 보완·확대하여 중장년층이 은퇴 이후 재취업하는 과정의
중심적인 역할을 수행케 할 수 있다.

또한, 은퇴 이후의 인생을 설계할 수 있도록 제도적인 차원에서
평생교육을 장려하고 자격증 습득 및 교육의 혜택을 경제적으로 지
원할 수 있다. 국비지원 혹은 지자체 차원의 평생교육을 희망하는
지원자들을 위한 지원금제도를 도입·확대하여 재취업을 지원하고
평생교육을 장려할 수 있을 것이다. 이 제도를 통해 30년 이상의 퇴
직 후 시기에 필요한 실질적 교육을 은퇴 후가 아닌 직장에 다니면
서 받을 수 있는 것이 가능해질 것이다.

평생교육을 받고 제2의 인생에 대한 준비가 되어있는 중년층을 위
한 일자리 창출도 중요한 과제이다. 교육을 지원하고, 재취업의 과정

을 지원하여 잠재적인 인력을 충원하였다면, 이들을 사회적으로 적절하게 활용하는 일자리를 보장하는 것이 주요 방향이 될 것이다. 예를 들어 지역사회, 스타트업, 소규모 기업과의 네트워크 형성을 통한 새로운 일자리 창출도 가능하다. 은퇴자들의 경험과 노하우를 새로운 아이디어로 신시장을 개척하고자 하는 스타트업과 연결하여 시장 정보, 경영 노하우, 지식 및 경험 등을 제공하고 시너지 효과를 거둘 수 있을 것이다.

◆ 노동력 대체를 대비하는 제2의 취업 지원

인공지능의 도입으로 급속히 비숙련화되는 중간 직업에 종사하는 사람들의 다음 단계 직업을 위한 전 사회적 대비책이 필요하다. 현재 전 세계적으로 인공지능의 발전은 빠르게 진행되고 있다. 빅데이터를 활용해 스스로 패턴을 인식하고 해결방법을 찾아가는 방법론들이 도입되면서 인공지능의 유연성과 적응성이 크게 높아질 전망이다.[28] 실제로 미국 여러 기업이 인공지능을 이용하여 기업실적 분석 정보를 작성하고 제공하고 있다. 이러한 인공지능이 더욱 발전하면 자료 조사나 정보 분석을 하는 직업군이 사라질 수도 있다. 이러한 미래에 대비하여 전 사회적인 취업지원이 필요하다.

----

28) 로봇 인공지능의 발전이 중산층을 위협한다, LG경제연구원 나준호, 2014.07.08

：4： 노년층(70세 이후):
다양한 건강관리·여가문화 창출 및 사회활동 기회 확대

◆ 노년층 케어서비스를 위해 로봇, 스마트 기기 등을 이용한 시스템 마련

노년층 돌봄이 서비스를 확대하기 위해서는 가사 돌봄 로봇 등을 개발하여 제공하는 등의 방안을 마련해야 한다. 또한, 보다 적은 인력을 이용하여 더 정확하고 신속한 서비스를 제공하기 위해서는 웨어러블 건강 기기를 제공하여 건강을 상시 체크하고 비상시에 의료기관에 자동으로 신고할 수 있는 시스템을 마련하는 것이 필요하다. 이를 위해서는 국가가 이들 시스템의 개발과 표준화 작업에 적극적으로 개입하고 보다 빠른 시기에 저렴한 가격으로 보급될 수 있도록 노력할 필요가 있다.

◆ 스마트 실버타운 구축

노년층의 안락한 생활을 위해서는 스마트 실버타운을 적극적으로 구축할 필요가 있다. 스마트 실버타운은 단순히 노인들을 위한 거주 공간에 머물지 않고 ICT를 이용하여 의료, 건강, 가사, 여가 등에 대한 돌봄 서비스를 제공할 수 있어야 한다. 또한 웨어러블 근력 증강 기기 등의 개발과 보급을 통해 육체적인 노쇠를 기기의 힘을 빌려 보완할 수 있는 방안을 제공할 필요가 있다. 이러한 방안의 핵심은 과거와 같은 방법으로 노인을 위한 환경을 구축하는 것에 머물지 않고 첨단 기술을 활용하여 새로운 방법으로 노년 생활을 안전하고 쾌적하게 향유할 수 있는 방안을 제공하는 것이다. 이를 위해 정부는 관련 산업지원 및 기술개발과 세제혜택 등을 적극적으로 고려할 필요가 있다.

◆ 노년층의 사회활동 참여 확대 및 다양한 여가 문화 창출을 위한 제도 마련

노년층이 은퇴 후에도 사회적 생활을 유지할 수 있도록 하기 위해서는 수용과 공급을 매개해주는 시스템을 구축할 필요가 있다. 즉 은퇴 노인의 전문성과 인적 특성 등의 정보를 담은 시스템을 구축하고 이를 적절한 사람들에게 제공하여 노인들의 사회참여를 유도할 필요가 있다. 이러한 방법을 통해 노인의 정신적 건강과 육체적 건강을 유지하고 보다 저렴한 비용으로 경험과 노하우를 사회에 환원할 수 있다. 또한 은퇴 연령을 연장하는 것을 적극적으로 고려해야 한다. 향후 젊은 경제인구가 부족할 것이 예상되는 만큼 점진적으로 보다 오랜 기간 숙달된 인력이 사회에 봉사할 수 있는 제도를 만들 필요가 있다. 정부는 기업이 노인을 채용하거나 정년을 연장하는 경우 혜택을 제공하는 등의 유인책을 제공해야 할 것이다.

미래사회 삶의 질 인프라 선진화

:1: 안전한 사회관계 구축

◆ 사회 복지 및 안전망 구축 필요

안전한 사회관계의 구축을 위해서는 무엇보다 사회복지 및 안전망을 구축할 필요가 있다. 우리나라의 경우 1차 안전망은 4대 사회보험이 핵심적인 역할을 한다. 따라서 이들 보험체계와 관리를 보다 선진화할 필요가 있다. 특히 이와 관련된 데이터베이스 구축과 관리를 보다 지능형으로 개선하고 다양한 빅데이터를 활용해 관리할 필요가 있다. 가령 4대 보험의 데이터베이스와 소비행태의 분석을 통해 부정적인 방법으로 보험수혜를 남용하는 사람들을 추출하는 방법 등으로 운용을 개선할 수 있다. 이를 위해서는 다양한 데이터베이스의 표준을 통일하고 이를 연동하여 운용할 수 있는 제도를 마련하는 것이 필요하며 보험 오남용을 자동으로 발견할 수 있는 시스템을 구축하는 것도 필요하다. 2차와 3차 안전망인 기초생활보장제도와 각종 긴급구호 제도 역시 이와 유사한 방법을 통해 긴급하게 지원해야 할 대상을 올바르게 선별하고 이를 관리할 수 있는 데이터베이스를 구축하는 것이 필요하다.

◆ 개인의 생활안정 기반 마련을 위한 사회안전망 확충

공급자 위주의 복지정책으로 정작 혜택을 받아야 하는 저소득층의 혜택이 고소득층보다 적게 받게 되는 현 상황의 문제점을 해결하기 위해서는 고액 소득자의 수입을 추적하고 이를 세수에 적극적으로 포함시킬 수 있는 방안을 마련해야 한다. 이를 위해서는 보다 투명한 소비와 지출 추적 시스템을 마련하여 고액 소득자로부터 보다 많은 세수를 올리고 이를 저소득자에게 분배하는 방법을 취해야 한다. 따라서 고액 소득자, 특히 기존의 방법으로 수입을 추적하기 어려운 분야를 조사하여 해당 분야에 자동화된 전산 시스템을 적극적으로 도입할 필요가 있다. 가령 임대를 통해 고액의 수입을 올리면서 수입을 누락하는 방법으로 세금을 회피하는 것을 막기 위해서는 국가가 지정한 시스템을 통해 임대료를 지급하는 방법을 검토할 수 있다. 아울러 이때 지급되는 임대료가 특정 지역의 특정 시기의 평균값과 어떠한 차이를 보이는가를 자동으로 추적하여 잠재적 세금 회피의 사례를 추출하는 등의 기능을 갖출 수 있다.

이와 함께, 대형 재난에 대한 중앙 통제 시스템을 ICT를 이용해 구축할 필요가 있다. 세월호 사건 등에서 볼 수 있었듯이 대형 재난에는 신속한 대응이 생명이다. 그러나 많은 경우 상위부서에 보고하는 등의 과정에서 중요한 시점에 시간을 소요하는 사례가 빈번히 발생하고 있다. 이에 대하여 자동화된 상황보고시스템을 구축하고 국가재난 발생 시 자동으로 담당자의 스마트 기기를 통해 상황이 전달되고 적절한 대응을 지시할 수 있는 시스템을 구축할 필요가 있다.

◆ 새로운 시대 출현에 따른 범죄안전망 강화

1인가구에 대한 범죄, 성폭력, 가정폭력 등에 대한 예방을 위해서는 해당 범죄에 대한 처벌을 강화하면서, 첨단 ICT를 활용한 예방활동에 중점을 두어야 한다. 가령 언제 어디서나 비상 버튼 하나로 신고를 할 수 있도록 하거나 야심한 시간에 잠재적 범죄자가 주변에 등장하는 경우 이를 자동으로 경고할 수 있는 시스템 등이 구축되어야 한다. 우리 사회의 정서상 이를 피해자의 신고에만 의존하는 것에는 한계가 있으므로 잠재적 범죄행위를 사전에 인식하고 예방할 수 있는 시스템을 구축하는 것이 필요하다.

:2: 편리한 사회 인프라 확충

◆ 메가시티의 교통효율성 향상을 위한 지능형 교통시스템 개발

교통시스템은 '속도'와 '편리'의 개념에 '안전'의 요구를 기본으로 하고 에너지 및 기후변화 문제의 대두로 고효율 및 청정성까지 요구되고 있다. 또한 ICT의 발전은 교통체계에 결합하여 첨단화된 교통시스템으로의 변화를 유도하고 있다. 한편 메가시티의 등장, 인구집중 등에 의해 교통혼잡에 따른 사회적 비용이 꾸준히 증가하고 있다. 2010년 기준 GDP 대비 교통혼잡비용은 미국 0.6%, 일본 2.2%인데 비해 우리나라는 2.43%로 상당히 높은 편이다. 메가시티의 교통혼잡은 인간의 기본 욕구이자 권리인 이동성의 질적 수준에 영향을 미치며 이는 삶의 질과도 연결된다. 출퇴근 등으로 도시 내 또는 도시 간 이동을 위해 많은 시간을 소비하며 겪는 육체적 및 정신적 스트레스는 현대인의 삶의 질에서 중요한 문제이다. 이를 위하여 도로, 차량, 교통, 통신, 공항, 철도 등 교통시스템을 구성하는 여러 요소를 유기적으로 연계하여 효율성을 높이고 교통흐름을 예측하여 분산시킴으로써 이용자가 쉽고 안전하게 이용할 수 있도록 하는 지능형 교통시스템 개발이 필요하다.

〈교통혼잡비용 변화 추이〉

※자료: 통계청 e-나라지표

◆ 모두가 편리하고 안전하게 사용할 수 있는 유니버설 디자인 도입 필요

우리나라는 아직도 교통약자들의 이동권이 제대로 보호받지 못하고 있는 실정이다. 해외 주요국은 거리와 대중교통에서 유모차를 탄 유아, 휠체어를 탄 노인이나 장애인을 쉽게 만날 수 있지만 우리나라에서는 교통약자들의 이동이 매우 제한적이다. 시각장애인들의 이동도 쉽지 않은 것이 현실이고 임산부에 대한 배려도 부족하다. 우리나라의 대중교통 시스템은 평균적 성인을 기준으로 제작되다 보니 그 기준에서 벗어난 사람들은 불편함을 느낄 수밖에 없다. 이러한 문제를 해결하기 위해서는 장애인만을 위한 특별한 디자인, 노인만을 위한 특별한 디자인 등 특정 소수집단을 위한 특별한 디자인이 아니라 모든 사람이 사용할 수 있는 유니버설 디자인의 개념을 교통시스템에 도입하는 것이 바람직하다. 이것은 도로의 턱을 낮추는 일부터 시작할 수 있다. 버스, 지하철, 기차 등에 유모차나 휠체어도 쉽게 접근 가능하고 어린이와 장애인도 쉽게 오르내릴 수 있도록 계단, 손잡이 등을 설계할 수 있을 것이다. 어떤 신체적 특징을 가지고 있더라도 이동의 자유로움을 누릴 수 있어야 비로소 모든 국민의 삶의 질이 향상될 수 있다.

◆ 자원의 효율적 이용과 사회적 가치창출을 위한 공유경제 제도적 연구 필요

최근 경기침체와 환경오염, 자원부족 등에 대한 대안으로 공유경제의 개념이 등장하고 있다. 공유경제란 물품을 소유의 개념이 아니라 공유의 관점으로 바라보며 필요한 사람이 필요한 시간에만 사용하고 필요하지 않을 때는 서로 대여해주는 경제적 활동이다. 이럴 경우 적은 물품으로도 많은 사람의 필요를 충족시킬 수 있어 물품의 가치가 확대되고 대량생산과 대량소비로 인한 자원고갈과 환경오염문제의 해결에도 기여할 수 있다. 현재 대표적인 공유경제의 모델은 우버와 에어비앤비이다.

그러나 공유경제는 기존의 경제활동 개념과는 상충되는 측면이 있으므로 이로 인해 문제점이 발생하기도 한다. 기존 사업자들과의 갈등, 법제도 상의 상충문제, 기업 책임의 범위, 사회적 관습과 문화적 충돌 등이 그것이다. 공유경제를 기존 경제활동 방식의 문제점을 보완할 새로운 경제활동의 모델로 받아들여 긍정적으로 활성화시킬 것인지 또는 기존 경제활동 방식을 보호하기 위하여 제한할 것인지는 결국 공유경제를 어떻게 받아들일 것인가의 제도적 문제일 것이다. 성급한 도입도 과도한 규제도 큰 파급효과를 불러올 수 있으므로 공유경제를 우리 사회에 긍정적으로 받아들이기 위한 제도적 연구를 시급히 수행하는 것이 필요하다. 우리 사회에 적합한 공유경제 모델과 시범사례를 개발하여 침체된 우리 경제에 활력을 줄 수 있는 방안을 찾아야 할 것이다.

:3: 쾌적한 생활환경 인프라 조성

◆ 생활 속 녹지공간 조성과 스마트에코시티 구현

지속적인 개발과 급격한 산업발전은 전 지구적 환경오염문제와 기후변화문제를 야기하였다. 이는 생활환경 악화에 따른 건강 악화 그리고 삶의 질 하락으로 이어지고 있다. 현대인은 발전과 함께 청정하고 쾌적한 환경을 추구하고 있다. 무분별한 개발은 더 이상 받아들여지지 않는다. 특히 인구과밀지역인 도시지역의 지속적인 도시재생사업에서 녹지공간 조성과 에너지효율화는 우선순위가 높은 가치로 인식된다. 이는 크게 두 가지 관점으로 구성된다. 첫째, 외

곽지역의 녹지공간이 아니라 생활 속에서 쉽게 접근할 수 있는 도심 속 녹지공간의 확보를 추구한다. 둘째, 에너지소비가 낮고 탄소배출이 적은 건물과 도시를 건설하는 것이다. 이는 궁극적으로 제로에너지와 제로탄소를 추구한다. 이러한 목적을 위해 대두된 개념이 바로 스마트에코시티이다. 환경문제와 인구밀집지역 사회문제 해결의 실마리를 제공할 것으로 기대되는 스마트에코시티는 문제 발생 후 해결이 아닌, 문제의 원인을 근본적으로 차단하는 것을 도시설계의 기본원칙으로 삼고 있다. 주요 선진국에서는 스마트에코시티 구현을 위해 노력하고 있다. 특히 급속한 경제발전을 이루는 동안 환경문제에 소홀했던 중국에서도 싱가포르 정부와 공동으로 톈진 에코시티 프로젝트를 추진 중이다. 우리나라도 U-Eco City를 위한 R&D를 추진한 바 있다. 도시기반시설, 환경생태정보분석시스템, 에너지의사결정시스템 등 도시 구성 요소의 유기적 연계시스템을 스마트기술로 구현하고 이를 통해 자연과 인간이 공존할 수 있는 공간을 점차 확대해 나가야 할 것이다.

〈브라질 꾸리찌바 市〉

◆ 자연자원과 생물다양성 보전을 위한 실질적 프로그램 추진

지구에 살고 있는 동식물을 비롯한 생물종과 생태계는 다양성을 특징으로 하며, 생물다양성이 잘 유지될수록 외부의 자극과 변화에 대한 복원력(resilience)을 가질 수 있다. 그러나 무분별한 개발과 자원의 남용으로 인한 서식처 파괴, 외래종의 침입으로 인한 토착종 멸종 등으로 생물다양성은 위기상황을 맞고 있다. 생물다양성과 지구의 복원력이 확보되지 않는다면 생물의 한 종류인 인류 또한 생존의 지속가능성을 보장할 수 없다. 또한 생물다양성은 자원 확보의 문제와도 연결되므로 결국 인간의 경제활동에도 영향을 미치게 된다. 유네스코는 1971년 인간과 생물권(MAB; Man and the Biosphere) 사업을 통해 생물다양성 보존과 자연자원의 지속가능한 이용을 추구하고 있다.

우리나라도 생물다양성협약의 실천을 위해 다양한 활동을 수행하고 있다. 그러나 생물다양성 보전에 대한 국민적 인식이 부족하고, 특히 대규모 건설사업의 추진 시에 생물다양성에 대한 국민적 염려와 공감 그리고 대안제시는 여전히 충분하지 않다. 이로 인한 국민적 갈등이 빈번히 발생한다. 우리나라는 2014년 제12차 생물다양성협약 당사국총회를 평창에서 개최하였다. 자연자원과 생물다양성 보전을 위하여 소수 전문가들에 의한 학문적 노력에 그칠 것이 아니라 국민적 인식제고를 위한 실질적 프로그램을 도입하는 것이 필요하다. 이를 통하여 경제발전이나 건설사업 추진 시에 발생하는 가치충돌과 갈등을 현명하게 해결할 수 있도록 정책적으로 노력해야 할 것이다.

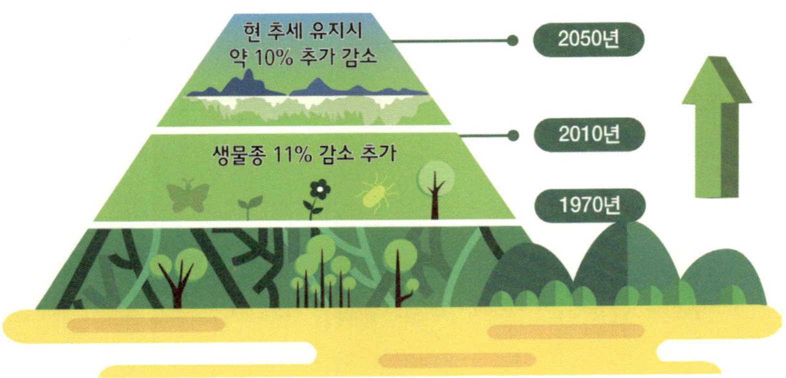

◆ 친환경 식재료를 비롯한 건강한 먹거리 확보

식품안전사고가 빈번히 발생하고 건강에 대한 관심이 증가하면서 안전한 먹을거리에 대한 요구가 확대되고 있다. 제도적으로는 HACCP 제도로 식품의 안전성 확보, 식품업체의 자율적이고 과학적 위생관리 방식의 정착 등을 추진하고 있다. 그러나 소비자들이 식품의 원산지나 식품의 건전성에 대해 보다 구체적으로 알고자 하는 욕구는 더욱 커지고 있다. 이것은 식품무역이 활발해지고 식품 가공 및 유통과정이 더욱 세분화됨에 따라 먹거리에 대한 정확한 정보를 파악하기 어려워지고 있는 현실에 의한 것이다.

또한, 식품무역의 확대는 탄소배출을 야기해 친환경에 반하는 측면도 존재한다. 이러한 이유로 최근 로컬푸드(local food) 운동이 대두되고 있다. 로컬푸드란 장거리 운송을 거치지 않은 지역 농산물로, 최근 건강에 대한 관심이 높아지면서 유기농과 함께 음식 트렌드로 자리 잡고 있다. 로컬푸드는 건강한 먹거리의 제공뿐만 아니라 지역 사회의 지속가능성에도 도움을 줄 수 있다. 따라서 기존의 대규모 농수축산물 생산 및 유통체계를 보완할 수 있도록 로컬푸드시스템의 안정적 정착을 위한 제도적 노력이 필요할 것으로 생각된다. 한편 FTA에 따른 식품무역의 확대는 거스를 수 없는 트렌드이다. 특히 최근 발효된 중국과의 FTA는 한편으로 중국산 먹거리에 대한 국민적 불안을 야기할 수 있다. 정부는 수입 농수축산물과 식품에 대한 실시간적이고 투명한 정보공개 시스템을 구축해야 한다. 또한, 국제적인 식품사고 대비를 위하여 국제협력의 강화가 필요하며 이를 위해 유럽연합의 신속경보체계와 우리나라 통합식품안전정보망에 대한 실시간 정보교환 채널 구축이 필요하다. 이러한 다각도의 노력으로 먹거리의 안전성과 건전성을 확보해야 할 것이다.

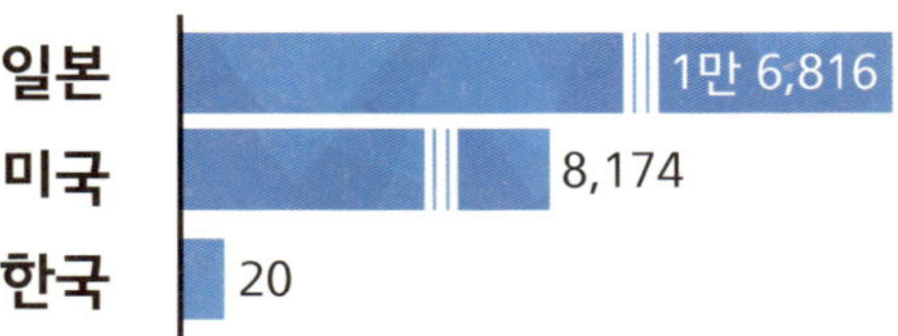

〈로컬푸드 매장 수 국제비교〉
(단위: 개)
일본　1만 6,816
미국　8,174
한국　20

※자료: 매일경제(2013.8.6.)

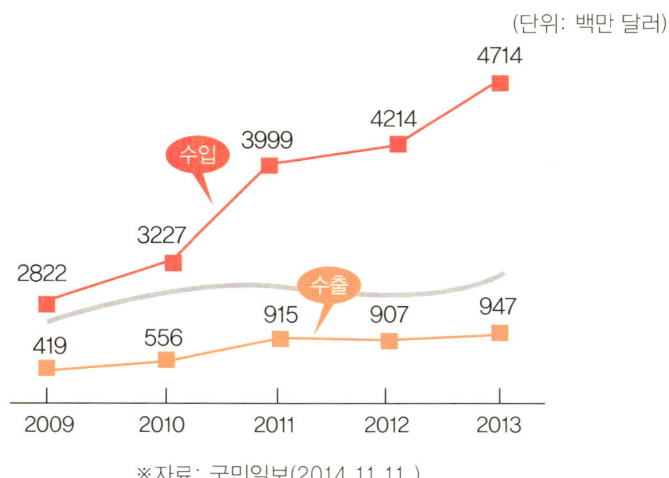

〈중국 농축산물 수출·수입 추이〉
(단위: 백만 달러)
수입
2822　3227　3999　4214　4714
수출
419　556　915　907　947
2009　2010　2011　2012　2013
※자료: 국민일보(2014.11.11.)

제4장

과학기술·ICT의 역할

미래사회 삶의 질 향상과 관련하여 과학기술·ICT의 역할을 도출하였다. 이를 위해, 사회시스템을 이루는 15개 사회분야와 삶의 질과 높은 관련성을 갖는 34개 과학기술 분야를 대상으로 분석을 수행하였다.

<분석대상 사회분야(15개)>

순번	사회분야	순번	사회분야	순번	사회분야
1	의료	6	환경	11	재난·재해
2	자원	7	식품	12	교육
3	주거	8	치안·생활안전	13	가정
4	교통	9	문화	14	사회관계
5	통신	10	공공서비스	15	사회구조

<삶의 질관련과학기술(34개)>

순번	과학기술	순번	과학기술	순번	과학기술
1	HCI	13	디지털포렌식	25	노화조절
2	소셜인덱싱	14	스마트 소재	26	생물다양성 보존
3	감성공학기반 서비스로봇	15	생물영감/모방	27	메모리 임플란트
4	웨어러블 디바이스	16	3D 프린팅	28	에너지 하베스팅
5	증강현실	17	생물정보학	29	리사이클링
6	생체인식	18	합성생물학	30	오염방지 및 복원
7	정보보안	19	질병예측기술	31	신재생에너지
8	인공지능	20	유전자 치료	32	자연재해 예방
9	빅데이터	21	줄기세포	33	기후변화 예측/적응
10	에듀테인먼트	22	인공장기	34	전기자동차
11	지능형 교통시스템	23	유전형질변환	–	
12	스마트카	24	테라그노시스	–	

15개 사회분야를 대상으로 삶의 질 관련정도 및 과학기술 관련정도를 분석하고, 34개 과학기술 분야와의 연관관계를 파악하였다. 전문가 대상으로 설문을 실시한 후, 이를 기반으로 정량분석, 네트워크 분석을 적용하였다.

01절 사회분야별 삶의 질 및 과학기술 관련정도

15개 사회분야를 과학기술 관련정도 및 삶의 질 관련정도를 기준으로 4개 영역으로 분류할 수 있다. 과학기술 관련정도와 삶의 질 관련정도가 모두 높은 영역, 과학기술 관련정도는 낮고 삶의 질 관련정도가 높은 영역, 과학기술 관련정도는 높으나 삶의 질 관련정도가 낮은 영역, 과학기술 관련정도와 삶의 질 관련정도가 모두 낮은 영역 4가지 영역으로 분류하고 접근방법을 도출해 보았다.

◆ **그룹 I (과학기술 관련정도 高, 삶의 질 관련정도 高)**
  : 의료, 환경, 치안/생활안전, 주거, 식품, 재난재해

그룹 I은 과학기술 관련정도와 삶의 질 관련정도가 모두 높은 영역으로 의료, 환경, 치안/생활안전, 주거, 식품, 재난재해가 해당한다. 이들은 삶에서 기본적인 건강 및 안전과 밀접한 분야들로 최근 관심이 더욱 고조되고 있는 고령화 및 사회재난 이슈가 반영되어 있다. 삶의 질 국민설문조사(2장 3절 국민인식변화 참고)의 필요성 분석

결과 행복요인 중 '건강'과 환경·인프라 중 '사회안전'이 상위를 차지하고 있다는 점 또한 '건강'과 '사회안전'이 삶의 질과 관련성이 높다는 것을 보여준다. 이 분야들은 과학기술 역할강화를 통한 개선이 특히 요구되는 분야로 삶의 질 향상을 위하여 우선적인 기술개발 및 상용화가 필요하다.

◆ **그룹 Ⅱ(과학기술 관련정도 低, 삶의 질 관련정도 高)**
　: 가정, 교육

그룹 Ⅱ는 과학기술 관련정도는 낮지만 삶의 질 관련정도는 높은 영역으로 가정, 교육 분야를 포함한다. 가정은 인간생활의 기본적인 공동체로 일과 삶의 균형 측면에서 최근 더욱 강조되고, 교육은 다음 세대의 향상된 삶을 위하여 중요시된다. 가정과 교육 분야는 과학기술 역할강화에 앞서 정책 및 제도의 마련, 사회적 인식전환 및 문화조성을 통한 개선이 필요하다.

◆ **그룹 Ⅲ(과학기술 관련정도 高, 삶의 질 관련정도 低)**
　: 교통, 통신, 자원

그룹 Ⅲ은 과학기술 관련정도는 높지만 삶의 질 관련정도는 낮은 영역으로 교통, 통신, 자원 분야를 나타낸다. 사회의 기본을 이루는 인프라로 과학기술에 기반하나, 생활상의 필요는 일정 부분 충족되어 삶의 질 관련성은 낮게 인식되었다. 교통, 통신, 자원 분야에서 과학기술 개발은 삶의 질 개선보다 산업경쟁력 차원에서 추진하며 개발도상국 협력을 통한 기여를 고려할 필요가 있다.

그룹Ⅳ는 과학기술 관련정도와 삶의 질 관련정도가 모두 낮은 분야로 문화, 공공서비스, 사회구조, 사회관계가 해당한다. 이들 분야는 감성 및 사회참여와 관련된 영역으로 생활의 기본적·필수적인 분야들에 비해 삶의 질 관련정도는 낮게 인식되었다. 문화 및 공공서비스는 과학기술 적용을 통한 고도화[29]의 가능성이 제시되고 있으나 현재는 인식의 형성이 미진한 것으로 분석되었다.

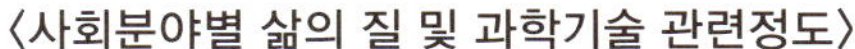

〈사회분야별 삶의 질 및 과학기술 관련정도〉

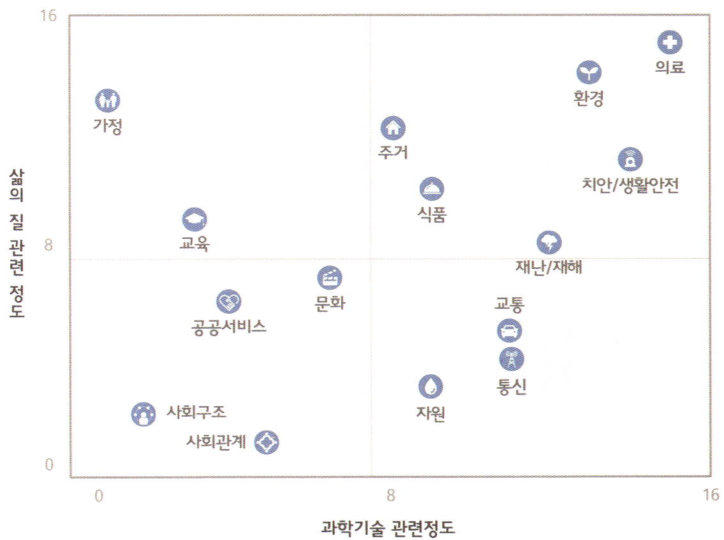

29) 문화는 증강현실을 통한 여가·레저 등, 공공서비스는 빅데이터를 통한 사회 니즈 파악 등

02절

삶의 질 향상을 위한 과학기술의 역할

:1: 과학기술 기반 미래전략의 가치체계

'삶의 질' 향상을 위해 과학기술은 어떤 역할을 해야 할까? 삶의 질 향상에 있어 과학기술의 역할은 부수적인 것에 불과할지도 모르지만, 전 세계 '삶의 질' 관련 보고서들이 대부분 과학기술을 간과하고 있는 것에 견주어 보았을 때, 본 보고서는 과학기술의 역할을 중요하게 고려하고, 미래창조과학부의 전략적 행정과 예산 지원 등을 통해 '삶의 질을 중시하는 라이프스타일'이 대두될 미래사회에 과학기술이 작게나마 기여할 수 있도록 준비된 것이다.

우선 삶의 질과 관련된 과학기술을 생애주기와 환경 인프라 등을 고려해 뽑았다. 의료, 공공서비스, 재난재해 등 15개 사회분야에 걸친 핵심기술을 추릴 수 있었다. 대부분은 ICT 관련 기술들이었으나, 제조기술 또한 중요한 역할을 할 수 있을 것으로 내다보았다. 이 기술들은 건강, 문화 편리, 환경 등에 적용되리라고 예측되었다. 다음 장에서 좀 더 구체적으로 살펴보도록 하자.

중점 과제	생애주기	환경·인프라

분석 체계	사회분야				
	① 의료	⑥ 공공서비스		⑪ 교통	
	② 식품	⑦ 환경		⑫ 통신	
	③ 가정	⑧ 자원		⑬ 치안/생활안전	
	④ 교육	⑨ 재난재해		⑭ 사회구조	
	⑤ 문화	⑩ 주거		⑮ 사회관계	

			핵심기술		
분석 체계	ICT 기술	HCI	소셜인덱싱	생물정보학	합성생물학
		감성공학기반 서비스로봇	웨어러블 디바이스	질병예측기술	유전자 치료
		증강현실	생체인식	줄기세포	인공장기
		정보보안	인공지능	유전형질변환	테라그노 시스
		빅데이터	에듀테인먼트	노화조절	생물다양 성보존
		지능형 교통시스템	스마트카	메모리 임플란트	–
		디지털포렌식	–	에너지 하베스팅	리사이클링
	제조 기술	스마트 소재	생물영감/ 모방	오염방지 및 복원	신재생 에너지
		3D 프린팅	–	자연재해예방	기후변화 예측/적응
				전기자동차	–

(핵심기술 가운데 열: BT 기술 / 에너지·환경 기술)

3대 영역	건강	문화·편리	환경

:2: 과학기술적 대응과제 도출

　미래이슈 분석과 설문조사 및 전문가 분석 결과를 반영하여 과학
기술적 대응이 필요한 중요과제를 도출하였다. 미래사회 변화와 삶
의 질 요인으로부터 삶의 질 향상을 위한 사회적 요구를 분석하고
과학기술과의 연관성이 높은 건강, 문화·편리, 환경 분야를 중심으
로 9대 과제를 도출하였다. 먼저 건강 분야에서 ①뇌·신경·혈관 질
환 예방 및 극복, ②스마트 헬스케어의 보편화, ③만성질환·난치병
맞춤형 치료기술 개발의 과학기술 기반 대응과제를 도출하였다. 그
리고 문화·편리 분야에서는 ④인공지능에 의한 자동화 확산, ⑤스
마트 교통수단의 개발 및 보급, ⑥증강현실을 활용한 첨단문화 인
프라 조성의 과제를 도출하였다. 마지막으로 환경 분야는 ⑦체계적
재난재해·환경오염 대응 시스템 구축, ⑧신재생에너지 안정적 수급
및 활용 확산, ⑨온실가스 예방 및 저감을 통한 국제사회 기여의 과
제가 도출되었다.

〈3대 영역별 9대 과학기술 기반 대응과제〉

분야	과학기술 기반 대응과제
건강	① 뇌·신경·혈관 질환 예방 및 극복
	② 스마트 헬스케어의 보편화
	③ 만성질환·난치병 맞춤형 치료기술 개발
문화·편리	④ 인공지능에 의한 자동화 확산
	⑤ 스마트 교통수단의 개발 및 보급
	⑥ 증강현실을 활용한 첨단문화 인프라 조성
환경	⑦ 체계적 재난재해·환경오염 대응 시스템 구축
	⑧ 신재생에너지 안정적 수급 및 활용 확산
	⑨ 온실가스 예방 및 저감을 통한 국제사회 기여

:3: 3대 영역별 과학기술 역할

1) 건강

◆ 현황 및 트렌드

질병의 치료와 더불어 사전관리 및 예방에 대한 관심이 높아지고 사회적인 인구집단별 보건의 중요성이 증가하고 있다. 그리고 고령인구 증가, 생활습관 변화 등으로 만성질환에 대한 관심이 높아지고 있다. OECD는 2020년 만성질환이 전 세계 사망원인의 73%, 전체 질환발생의 60%를 차지할 것으로 예측하였다('07). 그럼에도 만성질환에 약물치료가 효과를 보이는 비율은 60% 이하로 효율적인 관리를 위해서는 개인맞춤형 처방을 필요로 한다. 그리고 웰빙·웰

다잉·웰에이징 등 웰니스에 대한 관심과 함께 정신건강에 대한 관심도 고조되는 추세이다.

그리고 국제적 인력·물자의 이동성 증대, 기후변화 및 환경문제 심화로 보건환경이 변화하고 있다. 국가 간 인력·물자 이동에 따라 기존에 없던 새로운 질병이 출현하며 전염성이 증대되었다. SARS(2002년), 조류인플루엔자(2003년), 신종플루(2009년), 에볼라(2014년)는 세계적으로 큰 피해를 일으켰다. 그리고 기후변화는 고온에서 활성화되는 병원체·숙주·매개체에 직간접적 영향을 주고, 대기오염은 호흡기 질환을 증가시킨다.

ICT, BT, NT, HT(Health Technology) 등 기술의 발달로 새로운 치료법 개발이 가속화되고 있다. 헬스케어 네트워크 기기를 통하여 의료정보 접근이 용이해지고, 유전학적 진단 및 치료기술, 세포치료제 등 재생의학이 발전하고 있다. 주요 선진국에서는 뇌질환 연구를 집중지원하고 있으며 앞으로 뇌가 기기를 직접 제어하는 기술이 등장할 것으로 예측된다. 그리고 질병조기진단, 난치병 극복 등을 위하여 유전체·분자생물학 기술에 기반한 맞춤의료도 실현될 전망이다.

의료서비스 형태의 다양화 및 접근성 향상에 따라 선택의 폭이 확대되면서 환자중심성이 강화되고 있다. 환자가 용이하게 건강기록 및 의료정보에 접근할 수 있게 되며 모바일기기를 통한 헬스케어가 발달할 것으로 전망된다. 이와 함께 의료서비스 간(예방-치료 간, 의료-복지 간, 양방-한방-대체의학 간) 통합추세가 나타나고 전문병원도 증가하고 있다. 그리고 의료 서비스의 국제이동이 확대하고 있는데, 국내 외국인 환자 수는 '09년 6만201명에서 '13년 21만1,218명으로 연평균 36.9%의 급격한 증가율을 보였다(보건복지부, 2013년).

◆ 중점 대응과제

― 뇌·신경·혈관 질환 예방 및 극복

인구 고령화에 따라 심뇌혈관질환자 수의 증가와 이에 따른 의료비 부담이 급증하고 있으며 심뇌혈관질환은 우리나라 사망원인 및 질병부담 1위로 나타났다. 치매, 파킨슨병 등 퇴행성 뇌·신경질환 환자도 증가하고 있으며, 치매 환자 수는 20년마다 약 2배씩 증가할 것으로 추산하고 있다. 퇴행성 뇌·신경질환의 치료·관리 비용 증가로 사회경제적 부담 가중될 것이다.

뇌·신경·혈관 질환 예방 및 극복을 위해 먼저 한국형 심뇌혈관 위험도 예측, 퇴행성 뇌·신경질환 질환을 조기에 정확히 진단·치료하는 저비용·고효율의 새로운 의료기술개발이 필요하다. 구체적으로 뇌신경생물(신경계 형성기술), 뇌인지, 뇌신경계 질환, 뇌공학의 뇌 연구 4대 분야 원천기술 개발이 필요하다. 원천기술 개발과 함께 뇌과학과 공학을 융합한 뇌공학 분야 육성 및 전문가 네트워크를 구축해야 한다. 이러한 뇌공학 분야 육성과 네트워크 구축을 통해 브레인—머신 인터페이스(BMI; Brain Machine Interface) 기술 개발 및 대응체계 구축이 가능해질 것이다.

또한, 퇴행성 뇌질환 치료제 개발을 위하여 영장류 등의 고등실험동물을 활용한 전임상 평가 시스템을 구축해야 한다. 전임상 평가 시스템은 질병 기전 연구 및 치료제의 효능 평가로 임상적용 실패율을 감소시킬 수 있다. 이와 함께 사전 예방, 자가 관리 등을 통한 의

료비 감소를 위해 심뇌혈관 질환 예방·관리지침, 교육 프로그램을
개발·보급해야 한다.

—스마트 헬스케어(Smart Healthcare)의 보편화

정보통신기술의 발달과 함께 세계적으로 ICT와 헬스케어의 융합
과 관련 기술개발이 추진 중에 있다. 이러한 추세 속에서 급격한 고
령화가 일어나고 있는 우리나라의 고령층 헬스케어가 사회적 부담
이 될 전망이고, 고령층 의료서비스 수요 증가, 전문 인력부족 문제
가 대두될 것이다. 이러한 헬스케어의 사회적 부담 감소 및 의료서
비스 수요 충족을 위해 스마트 헬스케어 기술은 필요하다.

이를 위해 먼저 스마트 헬스케어 관련 법·제도 개선 및 정책 지원
체계 구축이 요구된다. 불명확한 의료기기 범위, 원격건강 관리 금
지, 개인의료정보 취급 제한 등의 법적·제도적 한계는 스마트 헬스
케어 발전을 저해하는 요소이다. 스마트 헬스케어 발전을 위해 이러
한 법·제도 개선이 선행되어야 할 것이다. 또한 법·제도 개선과 함
께 안정성, 효과성, 경제성을 근거로 원격건강관리 서비스에 대한
건강보험 급여 지원제도도 필요하다.

법·제도 및 정책 지원하에서 모바일, 사물인터넷(IoT), 웨어러블
컴퓨터 등의 다양한 신기술을 활용한 고령 친화적 제품 및 서비스
개발이 필요하다. 개인맞춤형/질환별 초소형, 휴대형 진단 시스템의
개발 및 구축, 원격건강관리 서비스 모형 개발, 고령자의 독립적 삶
을 지원하기 위한 스마트 헬스케어 기반의 고령친화적 스마트 홈 개
발 등이 이루어져야 한다.

— 만성질환·난치병 맞춤형 치료기술 개발

삶의 질 향상을 추구하는 '웰빙라이프'에 대한 기술수요 증가에 따라 만성질환·난치병 치료기술의 필요성이 대두되고 있다. 인간지 놈프로젝트(Human Genome project)에 의해 유전자 치료가 실현되면서 유전자에 기반을 둔 맞춤형 신약이 개발될 것이고, 유전체·분자 생물학 기술의 발전에 따른 맞춤의료 시대가 개막될 것이다.

이를 위해 10년 내 10대 질환[30]에 대하여 각 10개씩 한국형 新기 술개발을 추진하는 것을 구상할 수 있다. 유전체 기반 맞춤의료 기 술개발, 희귀·난치성 질환에 대한 세포 치료제 개발, 줄기세포 기반 치료제·신약개발 등의 실용화 지원 등이 여기에 해당한다. 기술개 발과 함께 유전자 가위의 비특이적 작용 문제 해결, 장기추적관찰 임상연구 등 현재 유전체, 줄기세포 치료의 유효성 검증 및 안정성 확보가 필요하다.

또 개인의 유전적 특성에 따른 맞춤의료 패러다임 촉진을 위해 개 인 의료/유전체 정보의 국가 DB 및 통합 관리체계가 구축되어야 한 다. 게다가 구축된 유전체 빅데이터에 대해 기업이 접근하고 활용할 수 있도록 제도마련도 시급하다. 한편, 이러한 연구개발 및 제도 정 비를 위해 치료 형평성, 윤리 문제 등 법 제도적인 제도(생명윤리법 등) 정비도 추진되어야 한다. 사회적 약자가 이용하기에 고가이므로 치료 형평성 문제가 발생할 것이고 배아·생식세포를 적용하면서 윤 리 문제가 나타날 것이다. 이것에 대한 사회적 합의와 법·제도적 문 제 해결이 필요하다.

---

30) 난치형(암/심뇌혈관질환), 다빈도형(근골격/안질환/신장), 생활습관형(비만/정신/대사)

◆ 관련 핵심기술 활용방향 및 내용

'건강' 영역과 관련된 기술은 다음 그림과 같다. 도형의 크기 및 선의 굵기는 각 기술의 '건강' 영역과 관련 정도를 나타낸다.

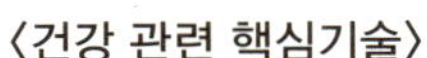

〈건강 관련 핵심기술〉

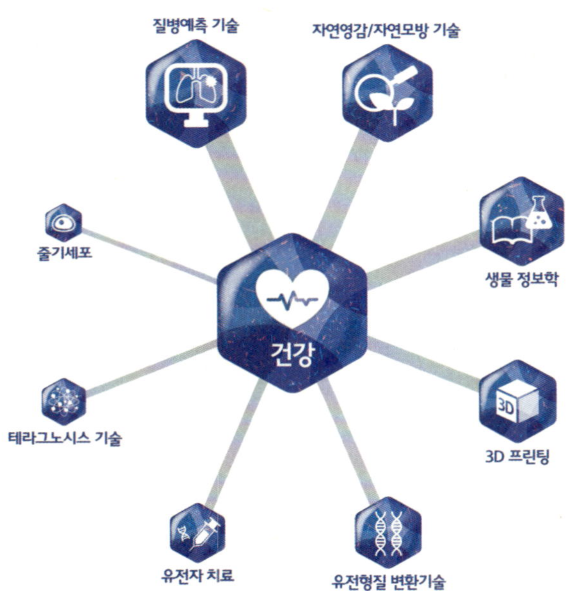

질병예측 기술은 개인에 대한 유전적, 환경적 검사를 통해 주요한 질환에 걸릴 확률을 추정하여 질병을 사전에 예방하는 것이다. 바이오 마커, 정밀 진단정보, 실시간 환경 정보를 질병예측에 활용할 수 있다. 만성질환의 예후(豫後), 감염병의 전파 등을 정확히 예측하여 사전에 예방할 수 있다.

자연영감/자연모방 기술은 인체의 기능을 보완할 수 있는 기기·장치·물질을 개발하여 첨단치료기술을 확보하고, 개인 맞춤형 치료에 적용하는 기술이다. 식물·곤충·바다 생물 등에서 약제 재료를 추출하여 약을 개발하고 있고, 뇌신경 모방칩 기술 활용하고, 행동중독·난치성강박증 등 중독성 질환을 치료할 수 있다.

생물정보학을 통해 생물학적인 정보를 수집, 관리, 저장, 평가, 분석 및 체계화하여 건강증진에 활용하고 있다. 개인별 유전체·단백질체 발현, 환경과의 상호작용에 대한 정보를 체계화하고, 체질별 질병기전을 이해할 수 있게 하여 개인별 맞춤진료를 구현할 수 있다.

3D 프린팅 기술은 3차원으로 스캔된 조직이나 장기와 동일한 기능을 갖는 물체를 제작하여 인간의 신체기능을 보완할 수 있다. 3D 프린팅 기술을 이용하여 치아, 골격, 의족(義足), 의수(義手), 인공심장 등 건강기능 보조장치 제조가 가능하고 줄기세포를 재료로 간, 폐, 췌장 등을 배양하여 장기이식에 활용도 가능하다.

유전형질변환 기술을 이용하여 다양한 병원체에 공통되는 유전정보를 표적으로 하여 병원균의 변종에 의한 질병을 대부분 예방하고 치료할 수 있다. 에볼라, 메르스 등 신종 질병의 공통항원을 표적으로 하는 슈퍼백신을 개발할 수 있고, 생활습관병, 노화를 유발하는 유전체나 단백질체를 표적으로 하는 치료제 개발이 가능하다.

유전자 치료를 통해 비정상 유전자를 정상 유전자로 대체시켜 유전적 결함을 치료하거나 새로운 기능을 추가할 수 있다. 유전자 결함으로 인한 선천적 질환(예: 혈우병)을 교정하여 완치시킬 수 있고, 노화 관련 유전자를 억제하여 기억력 등 신체기능을 향상시킬 수도 있다.

테라그노시스 기술은 질병부위에만 반응하는 물질을 활용하여, 질환을 조기에 진단하고 여기에 약물을 투여하여 동시에 치료하는 것이다. 악성종양(암)의 부위에만 항암제를 전달하여 치료할 수 있고, 신체나 혈액 내의 독성물질(예: 중금속)만을 포집하여 독성질환을 치료할 수 있다.

줄기세포 기술은 훼손된 조직이나 장기를 어떤 조직으로든 발달할 수 있는 세포를 활용하여 치료하는 것이다. 퇴행성 뇌질환을 줄기세포로 재생된 뇌조직으로 치료할 수 있고, 백혈병, 당뇨병의 난치병 질환을 유발하는 손상조직을 정상화시킬 수 있다.

〈건강 관련 핵심기술〉

핵심기술	내용
질병예측 기술	의학적으로 조직검사 없이 유전체 및 생체지표 등을 분석하여 개개인의 질병 발생 가능성을 예측·진단하는 기술
자연영감/자연 모방 기술	생물의 구조와 기능을 연구해 경제적으로 효율성이 뛰어난 사물을 창조 하는 생물영감 및 생물모방 등의 기술. 새로운 물질, 인체의 부분 또는 기능을 보완할 수 있는 기기나 장치 개발, 주거환경 개선 등에 활용
생물정보학	유전정보와 같은 분자수준의 정보를 활용하여, 유전자풀의 분석을 통해 변화 경향을 파악하거나 생물학적인 문제를 해결하는 기술
3D 프린팅	연속적인 계층의 물질을 뿌리면서 3차원 물체를 만드는 제조기술
유전형질변환 기술	원래의 세포가 가지고 있던 유전정보 자체 또는 환경을 조작하여 유전자 형이나 표현형을 변화시키는 기술
유전자 치료	결손된 유전자를 교정시켜 원래의 정상 상태로 바꾸거나, 세포에 새로운 기능을 제공하여 질병을 치료하고자 하는 기술
테라그노시스 기술	치료(therapy)와 진단(diagnosis)의 합성어로 병을 조기 진단하고 치 료를 동시에 수행하는 진단·치료기술
줄기세포	어떤 조직으로도든 발달할 수 있는 세포를 의미하며, 이를 활용한 장기이식 등 질병치료 기술을 의미

2) 문화·편리

◆ 현황 및 트렌드

빅데이터 및 인공지능의 접목으로 다양한 맞춤형 서비스를 제공
하며 새로운 가치를 창출할 전망이다. 최근 구글, 마이크로소프트,
바이두 등이 인공지능 투자를 확대하는 등 세계적으로 인공지능 연

구가 활발히 추진[31]되고 있으며, 초연결 시대에 진입하면서 빅데이터 처리기술은 경쟁력의 중요한 원천으로 자리 잡고 있다. 또, 인공지능·빅데이터 등에 기반한 자동화는 지능형로봇, 스마트카 등으로 편의를 증대하는 등 광범위한 분야에서 변혁을 유발하고 있다. 제조분야에서는 설계, 제품, 보수관리의 최적화가 이루어지고 행정분야에서는 데이터 구동형 행정으로 서비스 향상이 일어날 것이다. 의료·건강분야에서는 예방 서비스가 보급되고 유통분야에서는 개인 기호 상품을 리드타임[32] 제로로 판매할 수 있다.

모바일 기술에 이어 등장하는 클라우드 및 사물인터넷(IoT) 기술로 사람-사물 간, 사물-사물 간 연결이 가속화되고 있다. 개인 맞춤형 서비스를 극대화할 수 있는 인간-컴퓨터 인터페이스, 웨어러블 디바이스 등 관련 기술이 진화하고 있다. 사용자 경험정보를 기억하는 사물-사물 간 상호작용으로 사용자 편의성을 극대화할 것으로 전망된다.

기후변화에 기인하는 자연재해가 증가하고, 대형 사회재난 발생에 대한 우려가 증대되고 있다. 자연재해가 세계적으로 증가추세를 보이고 있으며, 국내적으로도 과거 대비 증가한 수준을 나타냈다. 세계적으로 홍수, 태풍, 가뭄 등의 자연재해는 1950년 이후 증가추세이고 1990년 이후 급증하였다. 국내에서는 폭우·폭풍 등 자연재해가 1980년대 대비 2배 이상 증가하였고, 2000년대 중반 이후 매년 800건 이상 대형 기상이변 및 피해가 발생하였다(소방방재청, 2014). 사회 인프라의 대형화·네트워크화로 재난은 발생 시 대형으

---

31) LG경제연구소, 2015년 7월

32) 리드타임(lead time): 상품의 주문일시와 인도일시 사이에 경과된 시간

로 발생할 가능성을 내포한다. 그리고 인터넷 네트워크 이용증가로 사이버 위험요소도 증가하였다.

◆ **중점 대응과제**

— 인공지능 로봇의 활용 확산

제조업, 개인용 로봇 등 다양한 분야에 인공지능 기술이 적용되며 시장성장을 주도할 것으로 예상된다. 시장성장으로 인공지능 로봇이 우리 생활에 확산되면서 인간과 인공지능의 협력을 통해 노동생산성 증가 및 1인당 실질 근무시간 감소로 삶의 질 향상에 영향을 줄 것이다.

인공지능은 과학기술 전 분야의 연구플랫폼 역할을 할 전망이며 격차 발생 시 추격이 어려운 분야로 꾸준한 투자확대가 필요하다. 그러면서 인공지능 시스템의 안전(safety), 보안(security), 통제(control)를 담보할 수 있는 적절한 규제 체계가 마련되어야 한다. 또한 미래의 직업이동 및 업무변화에 대응하기 위해 정규교육, 평생교육에 걸친 교육 시스템 마련이 필요하다.

그리고 사물인터넷과 로봇 기술의 융합을 통해 새로운 서비스를 창출해야 한다. 스마트 공장, 스마트 농업, 지능형 빌딩, 스마트 홈 등 다양한 분야에서 사물인터넷은 로봇 기술과 융합을 통해 서비스를 확대함으로써 새로운 부가가치를 창출할 수 있다.

─스마트 교통수단의 개발 및 보급

안전과 편리함에 대한 관심 증대에 따라 사고예방과 피해경감 고도화 기술을 통해 교통사고 제로(zero)화가 요구되고 충돌 예방시스템, 각종 편의 장치 등을 탑재한 스마트 교통수단의 시장 성장이 전망된다. 그리고 대중교통 인프라 취약 지역 접근 등의 목적으로 소형의 근거리 이동수단 플랫폼을 이용한 개인 이동수단의 급속한 성장이 예상된다.

스마트 교통수단의 개발 및 보급을 위한 과제로 먼저 자율주행자동차 등 스마트자동차 핵심 기술 확보를 위한 투자가 강화되어야 한다. 고령자·장애인의 취약한 신체적·정신적 인지능력을 고려하는 주행안전성 향상기술, 주행환경을 인식·판단하여 다양한 교통서비스를 지원하는 개방형 SW 플랫폼의 개발이 필요하다.

이러한 투자를 바탕으로 중소·중견 기업의 스마트 교통수단 기술 진입을 유도하도록 개방형 플랫폼에 적합한 핵심부품의 상품성 향상 및 국산화가 이루어져야 한다. 이와 함께, 자율주행 차량테스트와 운용을 위한 법적·제도적 체계와 테스트베드가 마련되어야 한다. 스마트 교통수단 상용화를 위하여 자율주행 안전기준 등 시험인증 및 평가기술을 개발하고, 시험·인증을 위한 전용도로 등 테스트베드 환경을 구축할 필요가 있다.

─증강현실을 활용한 첨단 문화 인프라 조성

즐거운 삶의 추구에 대한 사회적 관심 증대에 따라 여가활동과 관련된 고품질 콘텐츠에 대한 관심이 높아지는 상황에서 IT 선진 기업들이 앞다투어 증강현실 시대를 공격적으로 대비하고 있다. 반면, 우리나라의 증강현실에 대한 민간 차원의 R&D 투자는 미약하다. 증강현실은 문화 분야에 크게 활용되어 문화·활동을 향상시킬 것으로 예상된다.

증강현실을 활용한 문화 인프라를 조성하기 위해 문화 및 여가 분야와 밀접한 체험용 모바일 혼합현실, 다중실감공간 구현 분야의 요소기술 개발이 필요하다. 이를 통해 기존의 일방적인 수동적 콘텐츠에서 탈피하여 다양한 상호작용이 가능한 참여형 콘텐츠를 개발할 수 있다. 교육분야에서도 일방적인 주입식 단방향 학습에서 탈피하는 양방향 참여형 학습을 강화할 수 있다.

이를 위해서는 기술개발과 함께, 증강현실 기술을 활용할 수 있는 공공영상 인프라 및 문화체험 인프라를 조성하고 문화서비스 제공을 확대해야 한다. 증강현실 문화서비스를 교육·관광·전시·공연 등으로 확산하여 사회의 문화생활 수준을 향상할 뿐 아니라 한류 문화 확산을 지원하여 국가이미지 제고에도 기여할 수 있다.

◆ 관련 핵심기술 활용방향 및 내용

'문화·편리' 영역과 관련된 기술은 다음 그림과 같다. 도형의 크기 및 선의 굵기는 각 기술의 '안전·편리' 영역과 관련 정도를 나타낸다.

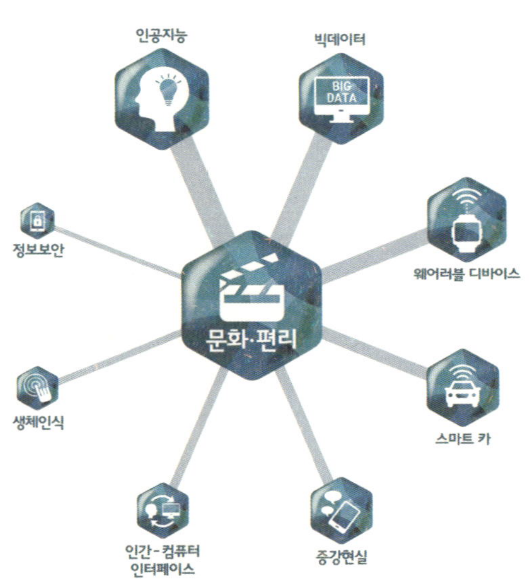

인공지능 기술은 인간이 가진 지적 능력을 대체하는 자동화 기기로 가정·교통·안전 등 다양한 분야에 편의를 제공할 수 있다. 지능형 교통 시스템과 결합된 자율주행자동차는 교통혼잡을 줄여준다. 또한 지능형 로봇은 가정을 돌볼 뿐 아니라 구조현장에서 소방대원을 대체한다.

빅데이터 기술은 대용량 자료로부터 가치 있는 정보를 추출하고, 인공지능과 결합하여 범죄, 재난재해 예방 등 다양한 분야에 편의를 제공한다. 개인이 경험하는 모든 정보를 축적하면 범죄발생 이전에 사전경보가 가능할 것이다. 재난·재해와 관련되어 누적된 정보를 활용하고 사고발생 이전에 대비가 가능할 것이다.

웨어러블 디바이스는 신체의 일부처럼 항상 착용함으로써, 인간의 능력을 보완하거나 높여줌으로써 편의를 제공한다. 예를 들어 근력보조로봇은 장애인, 고령자의 신체능력을 정상 상태로 향상시킨다. 실시간으로 측정되는 건강정보를 활용하고 예방중심의 의료체계로 전환하는 것도 가능하게 한다.

스마트카 기술은 지능형 교통시스템과 밀접하게 연관된 채 운전자 편의성·안전성을 도모하며 교통혼잡을 최소화할 수 있다. 자동차 주행차로 및 차간거리유지, 교통체증 저속구간 자동운전지원 서비스, 다차로 차선변경 서비스, 합류로 및 분기로 주행지원 등 다양한 서비스가 가능하다.

증강현실 기술은 시뮬레이션으로 창출된 가상공간에서 사용자의 감각경험을 공유하여 시간 및 비용을 절감한다. 가상박물관/문화재로 현실감 넘치는 교육·문화체험의 기회를 확대할 수 있고 시각장애인용 인공시각장치 등은 사회적 약자를 위한 지원의 폭을 확대할 수 있다.

인간-컴퓨터 인터페이스 기술은 사람과 컴퓨터 사이의 상호작용을 더 자연스럽고 편리하게 하여, 편안하고 지능화된 생활/업무 환경을 구현한다. 실시간으로 뇌 활동을 파악하고, 정신적 건강을 항시 유지하도록 조절 가능하다. 행동 및 언어기반으로 의미를 추출하고, 사용자 중심으로 손쉽게 동작정보를 입력할 수 있다.

생체인식 기술은 개인별로 같을 수 없는 신체의 특징을 이용하여, 사용자를 식별·인증함으로써 안전과 정보를 보호한다. 지문, 얼굴, 홍채 등 개인의 신체적 특징을 이용하여 신원을 인증하고 서명, 음성과 같은 행동적 특징을 이용하여 신원을 인증할 수 있다.

정보보안 기술은 사이버상의 정보시스템을 안전하게 보호함으로써, 저장 및 유통되는 데이터의 무결성/비밀성/가용성을 보장한다. 이 기술을 통하여 정보통신망 공격행위(해킹, 바이러스 유포)를 인지하고, 사이버 테러에 대응한다. 암호화 등 보안기술을 적용하여 전자금융, 원격의료 등의 정보를 보호할 수 있다.

〈문화·편리 관련 핵심기술〉

핵심기술	내용
인공지능	어떤 문제를 실제로 사고하고 해결할 수 있는 컴퓨터 기반의 인공적인 지능
빅데이터	대용량의 정형 또는 비정형 데이터 집합 및 이러한 데이터로부터 가치를 추출하고 결과를 분석하는 기술
웨어러블 디바이스	착용할 수 있는 형태로 된 컴퓨터. 궁극적으로 사용자가 거부감 없이 신체의 일부처럼 항상 착용하고 사용할 수 있으며, 인간의 능력을 보완하거나 배가시키는 것을 목표로 함
스마트카	자동차기술에 차세대 전기전자, 정보통신, 기능제어 기술을 접목하여 자동차의 내외부 상황을 실시간 인식하여 고안전, 고편의 기능을 제공할 수 있는 인간 친화적 자동차
증강현실	실제 환경에서 가상 사물이나 정보를 합성하여 원래의 환경에 존재하는 사물처럼 보이도록 하는 기술. 3D 홀로그램 등
HCI (인간-컴퓨터 인터페이스)	인간과 컴퓨터 간의 상호작용에 대한 기술. 컴퓨터의 도구로서의 잠재력을 극대화하여 인간의 의지를 보다 자유롭게 하고, 창의력을 증진시키고, 인간 사이의 의사소통과 협력을 증진시키는 것을 목표로 함
생체인식	신체특성 또는 행위특성을 자동으로 측정하여 신원을 파악하는 기술(지문인식, 홍채인식, 안면인식, 표정인식, 감정인식 등)
정보보안	정보의 수집, 가공, 저장, 검색, 송신, 수신 도중에 정보의 훼손, 변조, 유출 등을 방지하기 위한 기술

3) 환경

◆ 현황 및 트렌드

 기후변화에 기인하여 자연재해·전염병 발생 등이 증가하고 물 부족 현상이 야기되고 있다. 홍수·태풍·가뭄 등이 과거에 비해 증가한 수준을 보이고, 폭염 및 전염병으로 인한 건강문제가 발생하고 있다. 국내에서 홍수, 태풍, 가뭄 등의 자연재해는 1980년대에 비해 두 배 이상 증가하였고, 2000년대 중반 이후 매년 800건 이상의 대형 기상이변 및 피해가 발생하였다(소방방재청, 2014). 이상기후 및 이상강우로 인한 수자원 감소로 세계적인 물 부족이 예상되며 우리나라는 이미 '물 스트레스 국가'로 분류되고 있다.

환경보호 노력이 지속되고 있음에도 미세먼지·황사 등으로 대기질이 악화되고 녹조 등 수질오염 사고가 발생하고 있다. 수송 및 산업활동, 국외유입 등 복합적인 원인으로 미세먼지 등이 발생하여 대기질을 저하시키고 있다. 미세먼지(PM10) 농도는 $30.3\mu g/m^3$으로 우리나라는 OECD(평균 $20.1\mu g/m^3$) 국가 중 3번째로 열악한 수준인 것으로 나타났다.(WHO 권장한도 $20\mu g/m^3$) 가뭄 및 이상고온으로 하천유역의 수질오염 사고가 증가하며, 연중 녹조발생 시기가 앞당겨지며 외래생물종이 증가하고 있다. '14년 낙동강 녹조발생이 '13년 대비 40여 일 빨라지고 4대강 지역에 큰빗이끼벌레가 급증하였다(기상청, 2014).

에너지·자원의 수요증가가 예상됨에도 매장량에는 한계가 있어 부족이 우려되는 가운데 대체에너지가 성장하고 있다. 신흥산업국의 부상, 인구증가 등으로 자원확보경쟁 심화가 예상되고 일부 자원은 국제정세의 영향을 받고 있다. 전통적 에너지원과 생산방식이 다른 비전통가스[33], 비전통석유[34]와 함께 신재생 에너지가 대체에너지로 성장하였다. 한편, 국제에너지기구(IEA)는 신재생 에너지원 중

---

33) 셰일, CBM, 타이트가스, 가스하이드레이트
34) 오일샌드, 오일셰일, 초중질유

풍력·태양광이 큰 규모를 차지하리라 전망하였다.

◆ 중점 대응과제

— 체계적 재난재해·환경오염 대응 시스템 구축

기후변화에 따른 자연재해의 증가, 인위적 활동으로 인한 환경오염 등은 인간의 생명과 재산을 위협하는 요인으로 부상하였다. 이러한 환경변화를 예측하고 관리·대응하기 위해서 막대한 사회적 비용이 지출되는 가운데 사전예방이 중시되고 있다.

재난재해와 피해를 유발하는 기상현상을 관측·예측하고 알림으로써 조기에 대응하는 시스템의 개발에 투자를 확대해야 한다. 재난재해 관측 및 예측의 수준을 향상하고 시설노후화 및 안전부주의로 인한 재난피해를 예방하기 위하여 안전관리 시스템을 고도화해야 한다. 그리고 황사, 태풍 등과 같이 피해를 유발하는 기상현상을 관측·예측하여 알려주는 시스템을 발전시켜야 한다.

인위적 활동으로 발생하는 오염 및 재난을 방지하고 친환경적으로 대응하는 기술을 개발해야 한다. 환경호르몬의 유해성을 규명하고 친환경적으로 대응하며, 인간 및 가축 감염병의 발생과 피해를 예측하고 음식물 쓰레기를 친환경적으로 처리하기 위한 기술개발이 필요하다. 이와 함께 유해물질 취급시설물의 안전관리를 강화하고 감염병 정보공유시스템을 구축하는 법적·제도적 기틀을 마련해야 한다.

─ 신재생에너지 안정적 수급 및 활용 확산

세계적으로 화석연료 사용에 대한 규제강화와 기후변화협약에 따른 온실가스 감축 부담으로 청정에너지에 대한 관심이 고조되고 있다. 이와 함께 친환경 교통수단에 대한 요구도 증대되고 있다.

태양광·풍력·해수온도차 등 신재생에너지의 원천기술 및 실증모델을 개발하여 보급을 확대하도록 힘써야 한다. 신소재, 신공정을 개발하고 시범단지를 조성하여 현재의 낮은 발전효율과 높은 발전단가를 극복할 수 있다. 이와 함께 ICT에 기반하여, 분산전원을 활용하는 에너지 공급 및 수요관리 시스템 기술을 개발해야 한다. 그리고 신재생에너지 인허가 절차를 간소화하고, 세제지원을 확대하는 제도개선을 통해 보급을 활성화해야 한다.

친환경 자동차의 보급을 확대하기 위해서는, 요소기술을 확보하는 한편 세제지원을 강화하고 인프라를 구축하는 등의 정책이 필요하다. 중소·중견 기업의 진입을 유도하여 배터리 소재, 전력반도체, 모터 등의 요소기술을 개발하고 핵심부품의 상품성을 향상하고 국산화하는 개발이 필요하다. 그리고 현재 서울, 제주, 영광에서 시행 중인 전기차 우선보급도시를 확대시행하고, 카 셰어링 서비스를 도입하는 것을 검토할 수 있다.

─ 온실가스 예방 및 저감을 통한 국제사회 기여

전 지구적인 온실가스 배출량 증가에 따라 지구 평균온도가 증가하고, 해수면이 상승하는 등 기후변화가 심화되는 추세 속에서 이산화탄소 포집·저장 기술(CCS)은 연구개발 또는 실증단계이나 2025년경부터 이용이 확대될 전망이다. 우리나라는 「온실가스 배출권의

할당 및 거래에 관한 법률(’12.5)」을 제정하여 ’15년부터 온실가스 배출권 거래제를 본격 시행하고 있고, 온실가스 배출수준(세계 7위, ’11년) 및 산업구조 등을 고려하여 국제사회에 기여하는 방안을 강구할 시점이다.

이산화탄소 포집·저장 기술(CCS)의 상용화를 위한 기술개발 및 실증사업을 추진해야 한다. 포집과 전환의 원천기술 확보로 처리비용을 2030년까지 톤당 30$ 이하로 저감하여 실용성을 높일 필요가 있다. 원천기술 개발과 더불어 민간이 참여하는 상용화 실증사업을 시행함으로써 세계시장 조기선점의 발판을 마련할 수 있다. 이와 함께 개도국에 대한 온실가스감축 기술제공, 재원조성 등으로 국제사회의 기후변화 대응노력에 기여할 수 있다.

환경산업의 글로벌 시장확대에 대해서는 환경상품을 개발하고 소규모 국내기업을 지원하는 것이 필요하다. 최근 WTO 14개 회원국이 환경상품에 대한 관세인하 등으로 무역장벽을 낮추기 위한 EGA(환경상품협정)을 추진함에 따라 환경시장의 지속적인 확대가 예상된다. 이에 환경 모니터링·분석, 환경평가도구, 대기오염방지 등 상대적으로 경쟁우위에 있는 상품을 적극 개발해야 한다.

◆ 관련 핵심기술 활용방향 및 내용

'환경' 영역과 관련된 기술은 다음 그림과 같다. 도형의 크기 및
선의 굵기는 각 기술의 '환경' 영역과 관련 정도를 나타낸다.

〈환경 관련 핵심기술〉

스마트 소재 기술은 고유한 기능을 갖는 재료를 활용하여, 제품
및 서비스의 생산·소비·폐기의 전 과정에서 환경오염을 저감할 수
있다. 예를 들어 친환경 플라스틱은 토양매립 시 자연적으로 분해
되어 환경오염을 해결할 수 있고, 많은 미세구멍이 있는 제올라이트
를 활용하여, 폐수처리 및 토질을 개선할 수 있다.

에너지 하베스팅 기술은 폐열에너지·소산에너지 등을 전기에너지

로 변환함으로써 화석연료 사용을 절감하고 환경을 보호하며 소형
전자기기를 장시간 사용할 수 있게 만들어준다. 철도의 제동장치를
이용한 에너지 하베스팅, 비행기 온도차이를 이용한 에너지 하베스
팅으로 에너지 이용의 효율성을 높이고, 소형전자기기를 별도의 충
전 없이 장시간 사용하도록 할 수 있다.

기후변화 예측/적응 기술은 기후변화의 규명·예측으로 온실가스
농도 등에 과학적 근거를 제공하여 대응 및 적응체제 확립에 기여하
고 국제협상력을 제고한다. 기술예측 모델링 시스템 및 산출정보는
환경시장을 비롯하여 관광레저·농어업·건설업 등의 부문에 활용될
수 있다.

신재생에너지 기술은 태양광·풍력·연료전지 등의 기술개발·실
증·보급 등을 수행해서 온실가스를 감축하고 에너지 안보를 확보할
수 있다. 예를 들어 태양전지 및 모듈제조용 소재, 결정계 및 박막
형 태양정지 모듈, 풍력발전시스템 및 요소부품, 바이오에탄올·바
이오디젤 등이 포함된다.

자연재해예방 기술은 자연재해 예측, 조기대응, 피해저감을 위한
안전시스템의 구축으로 국민의 생명과 재산을 안전하게 보호할 수
있다. 여기에는 국민안전 리스크 관리 시스템, 실시간 홍수경고지
도, 지진 지역위험도 지도, 위성 활용 국토재해 상시감시 등이 포함
된다.

오염방지 및 복원 기술은 산업활동 등의 인간활동을 재편성하여 대기·수질·토양 등의 오염을 방지하고 이미 발생한 오염을 복원하는 기술이다. 건설 폐기물 배출 제로 기술, 소규모·분산형 생물학적 하수처리, 미생물 기반 해양오염 처리기술, 토양의 산성화 및 토양질 저하 방지기술 등을 의미한다.

리사이클링 기술은 폐자원으로부터 희유금속을 효율적으로 재활용함으로써 환경을 보호하고 수입량을 축소할 수 있다. 도시광산으로 배출되는 자동차·휴대폰·가전제품에 포함된 귀금속 및 희유금속을 회수하여 자동차 재제조 등의 산업에 활용할 수 있다.

생물다양성 보존 기술은 생물 생태계 및 서식지의 복원·재생으로 자연재해 방지, 경관유지, 이산화탄소 저감, 생태관광 활성화 등을 가능하게 하여 준다. 바다숲 조성, 댐·호 수생태 복원, 산림복원, 조난 야생동물 구난·구조, 갯벌 생태계 복원, 해안·연안 환경조성 등으로 적용될 수 있다.

〈환경 관련 핵심기술〉

핵심기술	내용
스마트소재	외부 환경변화에 따라 반응할 수 있는 재료. 인체 맞춤형 의복재료, 날씨에 따라 채광량을 자동으로 조절하는 창문, 형상기억합금, 액체 금속 등으로 다양하게 활용
에너지 하베스팅 기술	버려지는 운동, 열, 진동, 소음 등을 전기에너지로 재활용하거나 재생산하는 기술
기후변화 예측/ 적응 기술	기후 변화의 양상과 속도를 파악하거나, 기후변화에 많은 영향을 주는 배기가스의 배출 등을 측정하거나 줄일 수 있는 기술
신재생에너지 기술	기존의 화석연료를 변환시켜 이용하거나 햇빛, 물, 지열, 강수, 생물유기체 등을 포함하는 재생 가능한 에너지를 변환시켜 이용하는 에너지와 관련된 기술
오염방지 및 복원 기술	대기, 수질, 토양 등 우리 주변 환경에 위해물질의 비중이 높아지지 않게 하거나, 그 비중을 낮추는 기술
자연재해예방 기술	자연재해 또는 인간/가축 전염병의 발생 또는 피해를 예측하거나, 자연재해가 발생했을 경우 신속하게 알리고 대응하여 피해 확산을 최소화시킬 수 있는 기술
리사이클링 기술	폐기되는 물건 또는 물건의 일부분을 원래의 용도로 다시 전환하거나, 그보다 더 좋은 제품으로 개선시키는 기술
생물다양성 보존 기술	지구 각지 자연계에 존재하는 생명체의 종류가 다양해질 수 있도록 하는 기술

결론

성장과 분배 중 무엇을 선택할 것인가? 이 오래된 질문의 정답은 '성장과 분배 모두를 추구해야 한다'일 것이다. 어느 것 하나 소홀할 수 없는 중요한 가치이기 때문이다. 경제성장과 국민 행복 중 하나를 선택해야 한다면 무엇을 선택할 것인가? 이 또한 마찬가지다. 어느 것 하나 소홀할 수 없는 중요한 가치다. 하지만 우리 사회는 오랫동안 경제성장을 위해 국민 행복을 희생해 온 것이 사실이다.

삶의 질을 중시하는 라이프스타일이 대두할 것이라는 전망은 이제 국민들에게 경제성장의 궁극적인 목표가 국민 행복이며, 이를 담보로 맹목적인 경제성장을 추구하지는 않겠다는 인식이 널리 퍼질 것이라는 이유에서다. 하지만 경제성장을 통한 물질적 풍요로움이 국민 행복의 기본 조건이기 때문에 이 또한 포기할 수 없다. 이 두 마리 토끼를 모두 잡겠다는 전략이 본 보고서의 핵심이다.

물론 향후 전 세계적으로 경기 침체가 장기화되고, 특히 한국이 저성장 사회로 접어들고 있음은 부인할 수 없다. 이를 위한 새로운 경제 패러다임이 필요하며, 혁신을 중심으로 한 새로운 도약이 절실히 필요한 실정이다. 그러나 이를 위해서도 삶의 질을 추구하는 개인이 자신의 사회적 가치를 높이고 창의적으로 기여함으로써 성취되는 목표이기에 향후 출간될 '저성장 보고서' 또한 본 보고서와 긴밀히 연관될 것으로 내다보고 있다.

삶의 질을 중시하는 라이프스타일이 대두될 미래 사회, 정부는 무엇을 해야 할 것인가? 그간의 '경제성장' 제일주의에서 벗어나, 경제성장과 국민 행복을 함께 고려하는 정부의 미래전략은 앞으로 세계적으로 점점 강화될 전망이다. 경쟁 일변도에서 벗어나, '경쟁과 협력'을 함께 하지 않으면 글로벌 시장에서 살아남을 창의적인 성과물을 만들어내는 것은 한계에 부딪힐 것이다. 숫자로 평가하고 인센티브 부여에 의존하는 행정적인 대응으로는 이제 더 이상 경쟁력을 가지기 어려울 전망이다. 가장 창의적인 성과물은 자기 정체성을 확립하고 다양성을 수용할 때 비롯됨을 이해하고, 정체성 확립과 다양성을 최대한 이끌어낼 수 있는 환경을 제공하는 것이 정부의 역할이다. 개인의 다양성을 존중하는 것, 그것이 삶의 질을 중시하는 라이프스타일의 핵심 가치다.

정부가 지향해야 할 새로운 목표 중 가장 중요한 것은 국민 행복에 있다는 것을 새삼 깨닫고, '삶의 질'을 중시하는 라이프스타일이 더욱 증대될 미래사회를 예측하고 사회 변화에 맞게 적절한 제도 개선 및 법 제정, 정책 입안 등을 충실히 수행하는 것이 무엇보다 중요하다. 획일화된 잣대가 아니라, 점점 다양해질 국민 개인의 삶을 세심히 보듬는 섬세한 정책을 위해 애쓰고자 한다.

그간 '삶의 질'은 학계에서나 정부에서 사회과학적인 접근으로 다루어 왔으며, 과학기술을 통한 '삶의 질' 개선에 대해서는 정부 차원의 미래전략이 부족했다. 헬스케어, 인공지능, 뇌공학, 로봇공학, 사물 인터넷, 3D 프린팅, 웨어러블 디바이스 등 향후 세계 경제를 좌우할 과학기술 대부분은 개인의 삶의 질과 밀접한 관련이 있는 기술들이다. 따라서 이를 통해 국민 행복을 향상시킬 수 있는 미래전략을 마련하고 구체적인 정책을 실천하는 일은 정부가 해야 할 중요한 과제라 할 수 있다.

'삶의 질' 관련 보고서는 사실 전 세계적으로 수많은 사례가 쏟아져 나왔다. 삶의 질을 다양하게 정의하고 이를 높이기 위한 다각도의 노력이 제시된 것이 현실이다. 그러나 과학기술의 역할을 강조한 보고서는 전 세계적으로도 유례를 찾아보기 힘들다. 다들 과학기술과 '삶의 질'이 무슨 상관관계가 있을까 의아해하고, 심지어는 과학기술로 삶의 질을 보이려는 시도를 순진하다고 판단하기도 한다.

물론 삶의 질은 단순히 기술의 발달로 이룰 수 있는 가치는 아니다. 다만, 무병장수하는 삶 없이 삶의 질을 높일 수는 없다. 깨끗한 환경, 부족함 없는 에너지와 환경적 자산, 범죄와 재난의 위험으로부터 보호받는 안전한 삶 등과 별개로 삶의 질을 논의할 수는 없다. 그리고 이 모든 것들은 과학기술과 밀접한 관련이 있다.

따라서 본 보고서는 '삶의 질을 향상하는 데 과학기술은 어떤 역할을 할 수 있을까'라는 소박한 질문으로 마무리하면서, 정부의 지속적인 투자와 지원, 행정적인 뒷받침이 삶의 질 관련 기술들을 발전시켜 나가는 데 기여하고자 했다. 그리고 놀랍게도 최근 각광받고 있는 ICT 기술들, 즉 사물 인터넷, 인공지능, 뇌공학, 웨어러블 디바이스, 헬스케어 등의 기술들이 삶의 질과 밀접한 관련이 있다는 사실을 발견하게 되었다.

과학기술로 삶의 질을 단순히 높이지는 못할지라도, 대한민국 국민들의 삶의 질이 과학기술로부터 소외되지는 않도록 하는 것이 정부의 사명이자 역할이라고 믿는다. 그런 의미에서 본 보고서는 대규모 설문조사, 미디어 분석, 전문가 인터뷰 등을 통한 미래 예측, 삶의 질 관련 핵심 이슈 및 미래전략, 이를 위한 과학기술 등을 포괄적으로 다루었다는 점에서 각별히 의의가 있다고 할 수 있다.

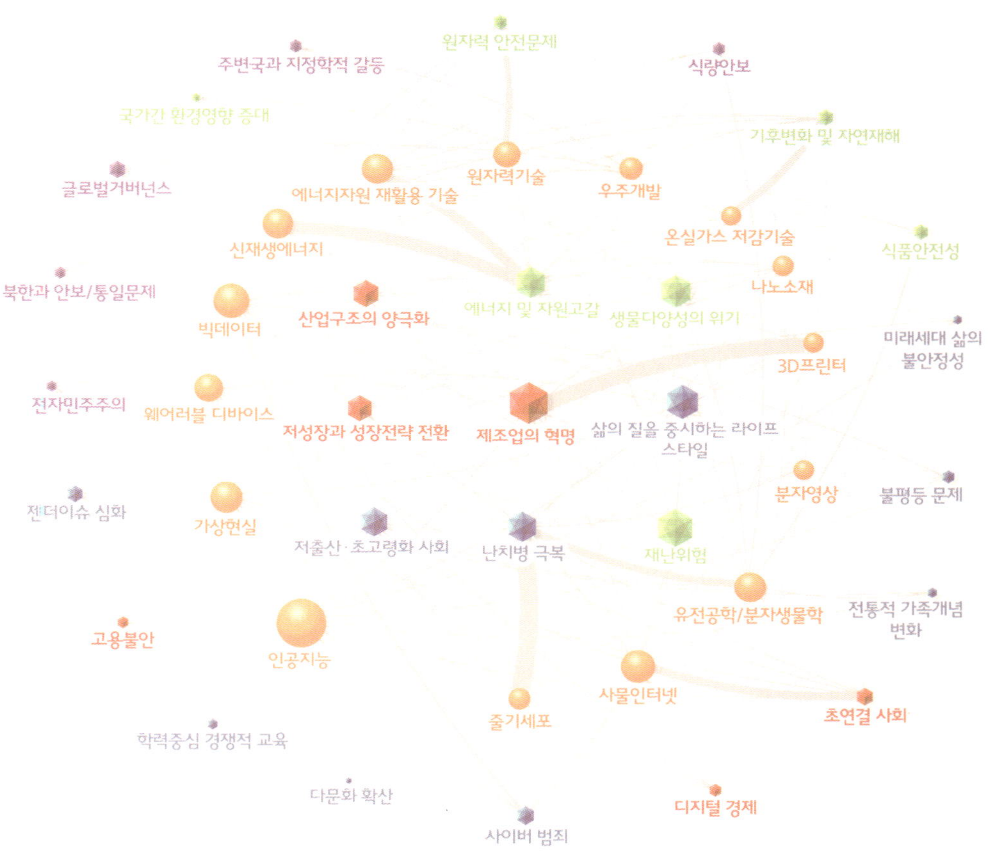

10년 후 대한민국

미래이슈 보고서

요약본 – 한글판

○ 보고서 성격

「미래이슈 분석보고서」는 현재 우리 사회가 안고 있는 주요 이슈들을 분석하여 10년 후 이 이슈들이 어떤 중요성과 의미를 가지고 전개될 것인지를 살펴봄으로써 미래준비를 선제적으로 하기 위한 것이다. 2020년, 2040년 등 특정 연도를 목표로 한 기존의 미래예측보고서와는 달리 이번 보고서는 구체적인 문제해결책 제시보다는 향후 10년이라는 기간을 설정하고 이 기간 동안 이슈들이 어떻게 발전하는지에 대한 동적인 분석에 초점을 맞추었다. 각 이슈들에 대한 전문가 인식조사를 바탕으로 세계경제포럼(WEF)이 글로벌 리스크(Global Risk)에서 사용한 「네트워크 분석」[1]을 활용하여 이슈와 이슈 간의 연관관계, 그리고 이슈와 밀접한 관계가 있는 핵심기술과의 연관관계를 동적인 시각에서 분석하였다.

○ 보고서 작성경과

미래부는 2014년 12월 '미래준비위원회'를 구성하고 동 위원회를 중심으로 이슈에 대한 분석을 착수하였다. 미래준비위원회는 OECD 미래전망보고서 등 국내·외 관련 문헌정보와 국가정책연구 포털사이트 등 다양한 데이터를 기초로 하여 경제·사회·환경·정치 분야에서 총 28개 분석대상 이슈를 선정하였다. 이와 별도로 미래

---

1) 네트워크 분석: 복수의 개인·사물·조직들이 상호 연결하는 관계를 분석하여 네트워크에서 중요한 역할을 하는 개인·사물 등을 파악하는 분석기법

사회에 광범위하게 영향을 미칠 미래기술(핵심기술) 15개도 선정하였
다(표1). 분석대상으로 선정된 이슈에 대해서 지난 4월, 학계, 연구
계 등 전문가와 미래세대인 대학생 등 총 1,477명을 대상으로 각 이
슈의 중요성, 이슈와의 연관관계, 그리고 핵심기술과의 연관관계 등
에 대한 인식조사를 실시하고 그 결과를 「네트워크 분석」을 통하여
분석하였다.

[표1] 28개 분석대상 이슈 및 15개 핵심기술

분야	이슈명칭
경제 (6개)	초연결 사회, 저성장과 성장전략 전환, 디지털 경제, 고용불안, 제조업의 혁명, 산업구조의 양극화
사회 (10개)	저출산·초고령화 사회, 불평등 문제, 미래세대 삶의 불안정성, 삶의 질을 중시하는 라이프스타일, 다문화 확산, 전통적 가족개념 변화, 학력중심 경쟁적 교육, 젠더이슈 심화, 난치병 극복(100세 시대), 사이버 범죄
정치 (5개)	식량안보, 주변국과 지정학적 갈등, 북한과 안보/통일 문제, 전자 민주주의, 글로벌 거버넌스
환경 (7개)	재난위험, 에너지 및 자원고갈, 기후변화 및 자연재해, 국가 간 환경영향 증대, 원자력 안전문제, 생물다양성의 위기, 식품안전성
핵심기술 (15개)	사물인터넷, 빅데이터, 인공지능, 가상현실, 웨어러블 디바이스, 줄기세포 유전공학분자생물학, 분자영상, 나노소재, 3D 프린터, 신재생 에너지, 온실가스 저감기술, 에너지·자원재활용 기술, 우주개발, 원자력 기술

○ 보고서 주요 내용

제1부에서는 28개 분석대상 이슈 중 응답자들이 10년 후의 관점에서 가장 중요하게 생각하는 이슈, 28개 이슈에 대한 세대 간, 성별 간 인식 차이, 그리고 현재와 10년 후의 중요성에 대한 인식을 조사하였다. 그리고 각 이슈별로 미래에 실제로 사건 등을 통해 현실적으로 문제가 발생할 가능성(발생가능성)과 사회에 미칠 영향력, 이슈와 이슈 간의 연관관계, 그리고 이슈와 핵심기술과의 연관관계 등을 분석하였다. 또한, 주요 이슈별로 과거에는 어떻게 정책적으로 대응해왔는지에 대하여 정책연구아젠다 분석을 통해 살펴보았고, 각 이슈들에 대한 일반 대중들의 구체적인 관심사항을 미디어 키워드 분석을 통하여 살펴보았다. 제2부에서는 미래준비위원회 차원에서 이들 이슈와는 별도로 우리 사회가 준비해야 할 것으로 선정한 이슈를 분석·정리하였다.

○ 10년 후 중요한 10대 이슈

10년 후의 관점에서 가장 중요하게 생각하는 이슈에는 저출산·초고령화, 불평등 문제, 미래세대 삶의 불안정성 등으로 나타났다. 이 외에도 고용불안, 저성장과 성장전략 전환 등 경제이슈, 국가 간 환경영향 증대와 기후변화 등 환경이슈, 남북문제 등 정치이슈 등이 10대 이슈에 포함되었다(표2).

[표2] 10대 이슈

순위	이슈명	순위	이슈명
1	저출산·초고령화 사회	6	사이버 범죄
2	불평등 문제	7	에너지 및 자원고갈
3	미래세대 삶의 불안정성	8	북한과 안보/통일 문제
4	고용불안	9	기후변화 및 자연재해
5	국가 간 환경영향 증대	10	저성장과 성장 전략 전환

○ 이슈에 대한 인식

28개 이슈의 중요성에 대한 인식은 세대 간에 큰 차이가 없었으나, 여성이 남성에 비해 같은 이슈에 대한 중요성의 정도를 더 높게 평가하였다. 10대 이슈 중에서 '저출산·초고령화 사회', '기후변화 및 자연재해', '사이버 범죄', '에너지 및 자원고갈', '국가 간 환경영향 증대'는 현재보다 미래에 더욱 중요할 것으로 분석되었다. 10대 이슈 이외에, '식량안보', '생물다양성의 위기', '초연결 사회', '글로벌 거버넌스', '삶의 질을 중시하는 라이프스타일' 등은 미래에 부상할 이슈로 분석되었다.

○ 미래 발생가능성과 영향력

28개 이슈의 발생가능성과 우리 사회에 미칠 영향력에 대한 평가 결과를 분석하였다. 분석 결과, 10대 이슈 대부분은 발생가능성이 높고 영향력이 큰 것으로 나타났다. 10대 이슈 중 '북한과 안보/통일

문제'는 발생 가능성은 낮으나 영향력이 큰 것으로 나타났다. 10대 이슈에는 포함되지 않았지만 '디지털 경제'와 '초연결 사회' 이슈가 상대적으로 발생가능성이 높고 영향력이 큰 것으로 나타났다.

○ 이슈와 이슈 간 연관관계

주요 이슈별로 이슈 상호 간 연관관계에 대해 분석을 하였다. 28개 분석대상 이슈에 대해서 네트워크 분석을 통하여 [그림1]과 같이 이슈 상호 간 연관관계를 도출하였다. 그림에서 이슈가 가운데 위치할수록 다른 이슈들과의 연관관계가 많으며, 선의 굵기는 연관관계의 정도를 나타낸다. 즉 선이 굵을수록 연관관계가 많다.

다른 이슈와 높은 연관관계를 맺고 있는 이슈는 ①삶의 질을 중시하는 라이프스타일, ②고용불안, ③불평등 문제, ④산업구조의 양극화, ⑤저출산·초고령화 사회, ⑥초연결 사회, ⑦저성장과 성장 전략 전환, ⑧재난위험, ⑨글로벌 거버넌스 순으로 나타났다. 특히, '삶의 질을 중시하는 라이프스타일'은 이슈 그 자체로서는 중요성과 영향력이 상대적으로 낮으나 여러 이슈와 가장 연관관계가 많은 이슈로 나타났다. 다른 이슈와 연관관계가 높은 이슈일수록 사회적으로 영향력이 미치는 범위가 넓기 때문에 이슈의 대응에서도 관련 이슈와 함께 포괄적인 접근이 필요하다.

다른 이슈와 연관성이 높은 이슈인 「고용불안」, 「저출산·초고령화 사회」, 「불평등 문제」와 10대 이슈 중 환경 분야의 「기후변화 및 자연재해」, 「에너지 및 자원고갈」에 대하여 다른 이슈와의 연관관계를 예시적으로 살펴보았다.

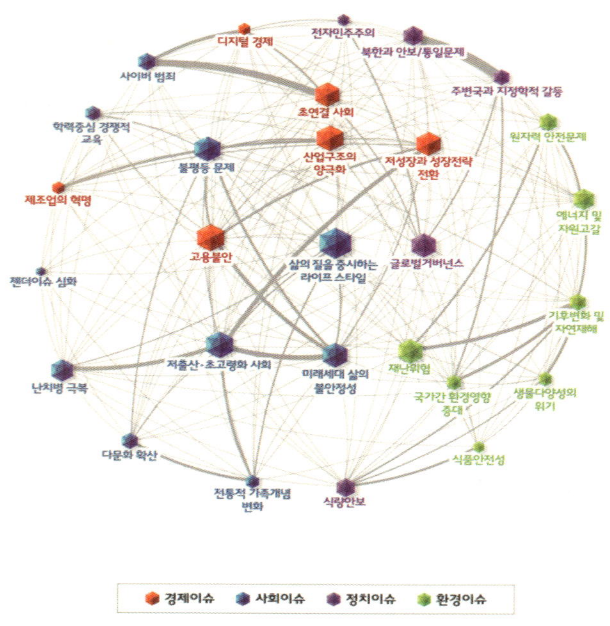

[그림1] 28개 이슈의 이슈 간 연관관계

○ 이슈와 핵심기술 간 연관관계

　핵심기술과 이슈 간 연관관계에 대한 네트워크 분석을 통해 [그림2]을 도출하였다. 그림에서 이슈가 다양한 핵심기술과 연관될수록 그림의 중앙에 놓이게 된다. 또한, 이슈와 핵심기술 간에 연관성이 높을수록 이슈와 핵심기술을 연결하는 선이 굵게 나타나고, 많은 이슈와 연관성을 가질수록 핵심기술을 표시하는 점(node)도 크게 나타난다.

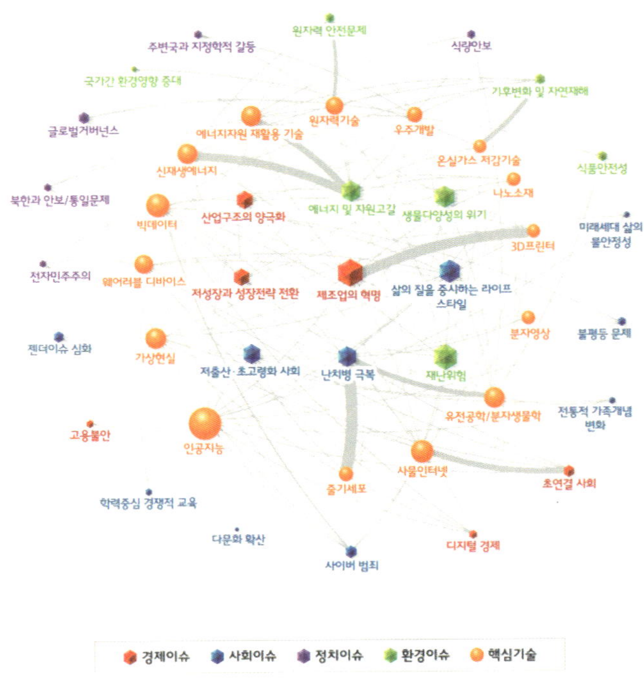

[그림2] 28개 이슈와 핵심기술 간 연관관계

과학기술과 긴밀하게 관계를 맺고 있는 이슈는 ①제조업의 혁명, ②재난위험, ③삶의 질을 중시하는 라이프스타일, ④생물다양성의 위기 ⑤에너지 및 자원고갈, ⑥난치병 극복, ⑦저출산·초고령화 사회, ⑧산업구조의 양극화, ⑨저성장과 성장전략 전환 순으로 나타났다. 또한, 다양한 이슈들과 연관관계를 갖는 핵심기술로는 인공지능, 빅데이터, 사물인터넷 등으로 나타났다. 핵심기술 중 '인공지능', '사물인터넷', '유전공학', '온실가스 저감기술', '원자력기술'이 미래 우리 사회의 어떤 이슈들과 관계가 있는지를 예시적으로 살펴보았다.

○ 주요 이슈별 정책 아젠다 및 미디어 키워드 분석

과거 15년간 주요 이슈별로 정책적 아젠다를 어떻게 만들어 대응해왔는지를 조망함으로써, 과거의 경험을 앞으로의 정책수립 등에 참고하고자 했다. 지난 15년간 정책연구결과들을 체계적으로 관리하고 있는 국가정책연구포털을 통해 주요 이슈별로 정책 아젠다들이 어떻게 전개됐는지를 빅데이터 분석을 통해 살펴보았다.

예를 들어 '에너지 문제'의 경우에는 2000년대 초반 우리나라의 에너지 수급사정이 비교적 안정적이었기 때문에 '남북에너지 협력(2002)'이 검토되었다. 그러나 '고유가 충격(2004)'과 교토의정서 발효에 따른 기후변화에 대한 국제적인 대응(2005)에 따라 환경친화적이고 효율적인 에너지 공급을 위한 '에너지 믹스(2006)', '스마트그리드와 전기자동차(2009)', '신재생에너지(2010)'에 대한 정책논의가 활발해졌다. 특히 순환 정전사태 이후에는 에너지 공급뿐만 아니라 '에너지소비효율화(2011)'에 대한 관심이 높아졌고, 최근 기술발전으로 시추가격 인하에 따른 '셰일가스(2013)'가 정책 아젠다화 되었다.

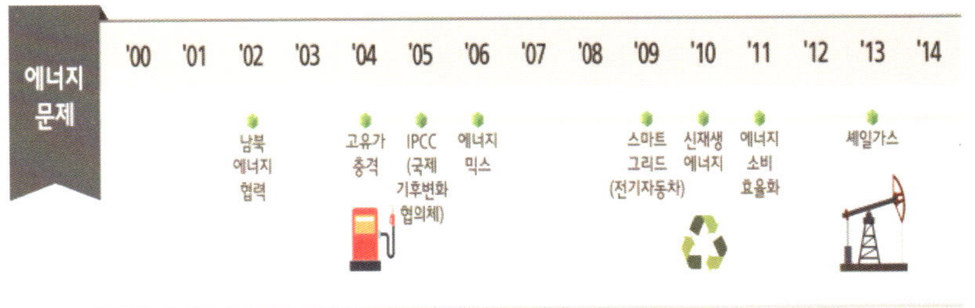

[그림 3] 에너지문제 정책아젠다 흐름

또한, SNS 등 미디어 키워드 분석을 통해 최근 이슈에 대한 대중의 관심사항을 알아보았다. 예를 들어 '삶의 질을 중시하는 라이프스타일'의 경우에는 '웰빙', '여가' 등이 대표적인 키워드로 나타났다. 따라서 삶의 질을 중시하는 라이프스타일 실현을 위해서는 웰빙과 여가에 대한 정책적 대응이 중요해질 것이다.

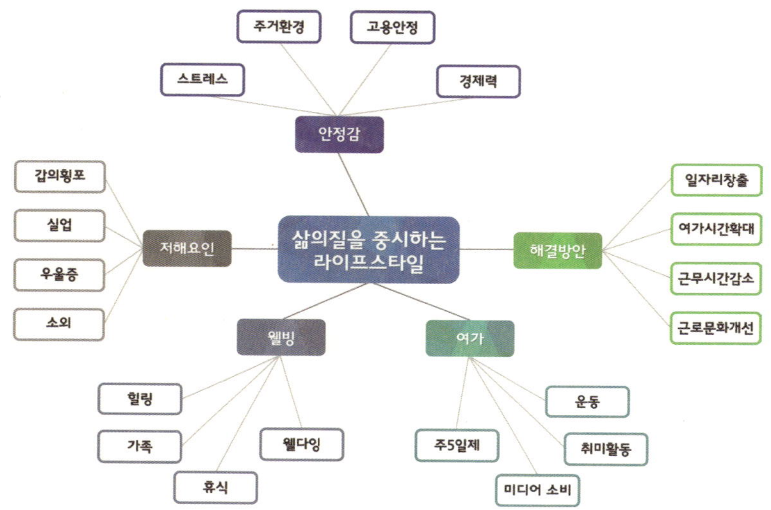

[그림4] 삶의 질을 중시하는 라이프스타일 관련 미디어 키워드

○ 미래준비위원회가 제안하는 이슈

미래준비위원회에서 자체적으로 발굴하고 설문조사 등을 통해 선정된 이슈도 분석하였다. 이슈를 사회문화의 변화, 산업경제의 변화, 그리고 삶의 환경 변화로 나누고, 각 이슈에 대한 미래준비위원회의 시각을 정리하였다.

[표 3] 미래준비위원회가 선정한 9개 이슈

분야	이슈명칭
사회문화의 변화 (3개)	획일화 사회 극복, 불평등 사회, 저출산·고령화 사회의 대비
산업경제의 변화 (3개)	초연결 사회의 지속 가능한 미래, 지속 가능한 산업생태계, 인공지능의 발전
삶의 환경 변화 (3개)	기후변화, 대형시스템의 안정성, 스마트 환경과 뉴미디어

○ 앞으로의 계획

이번 분석결과를 바탕으로 이슈와 이슈 간 연관관계, 이슈와 핵심기술 간 연관관계가 높은 2개 이슈를 선정하여 과학기술과 ICT 활용한 미래전략을 마련할 계획이다. 미래전략은 선정된 이슈와 연관관계를 가지는 이슈들을 고려한 종합적인 대응방안을 마련하고, 그 해결에는 과학기술과 ICT 활용하는 방안을 추진해 나갈 계획이다.

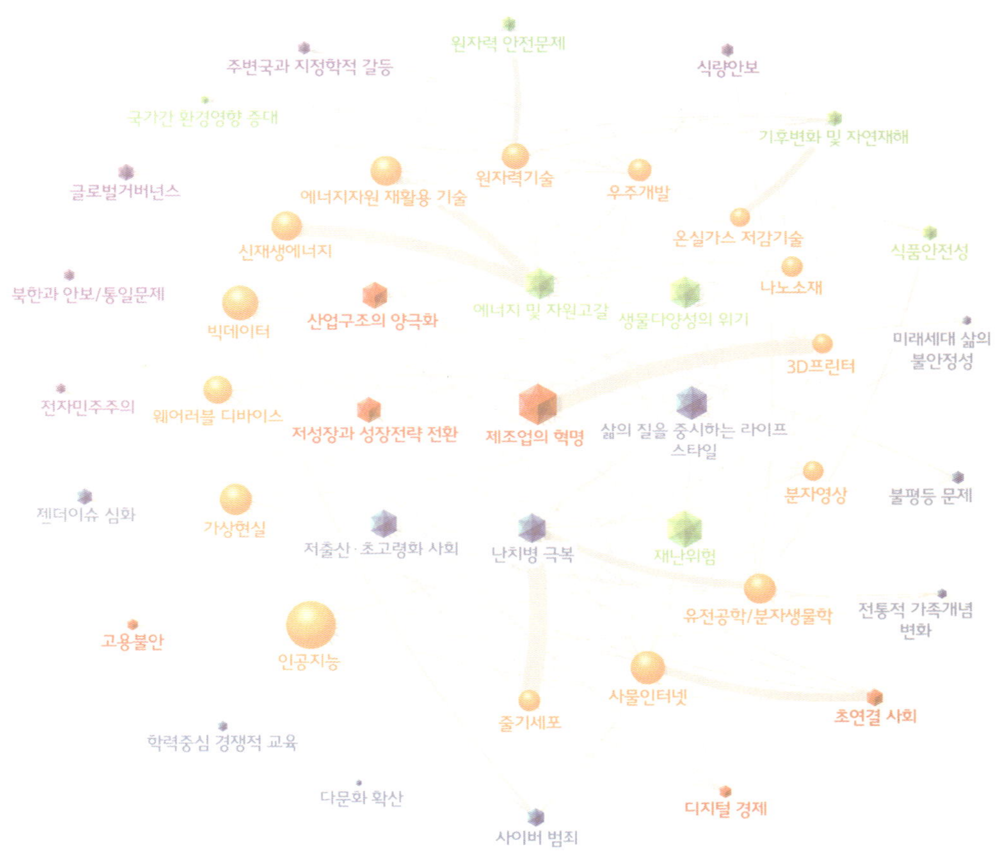

10년 후 대한민국

미래이슈 보고서

요약본 – 영문판

○ Overview

The purpose of this report is to analyze the major issues that our society faces in the present so that we can brace ourselves for the future by understanding the significance and meaning that the issues present and how they would unfold in the future. Unlike past reports that predicted the future in targeted specific years such as 2020 or 2040, this report focuses on dynamic analysis to see how these issues develop over the span of a decade rather than providing concrete solutions. Each issue is analyzed from a dynamic point of view to discover the interconnection between issues and relationship between these issues and key technologies through network analysis[1] of a perception survey used in Global Risks (WEF).

○ Process

The Future Preparatory Committee, formed by the Ministry of Science, ICT and Future Planning in December 2014, began the analysis on future issues. The Committee selected 28 issues to analyze in the fields of economy, society, environment, and politics based on various data such as documents from home and abroad (e.g. Future Global Shocks, OECD 2011), and the database for national

---

1) Network analysis: An analysis method to figure out people or matters that play an important role in a network by analyzing the correlation that connects multiple individuals, matters, or organizations.

policy research. Furthermore, 15 future promising technologies (key technologies) that might have a widespread impact on the future society were chosen for analysis as well. Perception surveys were conducted in April 2015 on the significance of the issues, correlation between issues, and relationship between the issues and key technologies. The survey results were analyzed through Network Analysis. A total of 1,477 respondents, including experts from academia and research groups and college students who are the future generation participated in the survey.

Table 1: 28 Issues for Analysis and 15 Key Technologies

Field	Issues
Economy (6)	Hyper-connected Society, Low Growth & Shift in Growth Strategies, Digital Economy, Job Insecurity, Manufacturing Revolution, Bipolarized Industrial Structure
Society (10)	Low Fertility & Super-aging Society, Social Inequality, Unstable Life of Future Generations, Emphasis on Quality of Life, Multiculturalism, Change in Traditional Family System, Credentialism & Excessive Competition in Education, Aggravating Gender Inequality, Fight against Incurable Diseases(Homo Hundred Era), Cybercrime
Politics (5)	Food Security, Geopolitical Conflicts with Neighboring Countries, National Security/Unification, e-Democracy, Global Governance
Environment (7)	Disaster Risk, Energy Shortage & Resource Depletion, Climate Change & Natural Disasters, Growing Cross-Border Environmental Impact, Nuclear Safety, Biodiversity Crisis, Food Safety
Key Technologies (15)	Internet of Things (IoT), Big Data, Artificial Intelligence, Virtual Reality, Wearable Device, Stem Cell, Genetic Engineering & Molecular Biology (Synthetic Biology), Molecular Imaging, Nano Material, 3D Printer, New Renewable Energy, GHG Reduction Technology, Energy/Resource Recycling Technology, Space Exploration, Nuclear Energy Technology

○ Major Contents

In the first part of the report, the respondents chose the top 10 issues out of 28 issues that were analyzed based on their opinion on whether the issues will bear great significance after a decade. In this chapter, the difference in perception between generations and genders toward the 28 issues is also discussed. Furthermore, it analyzes the likelihood of these issues of becoming a reality in the future, the impact it will have on society, the interconnection between issues, and how the issues are associated with key technologies. In addition, this part looked into how policies in the past were used to respond to the major issues by analyzing the policy research agenda and the general public's specific interest in the issues by analyzing the keywords that appeared in the media. The second part of this report describes in detail several issues that might be significantly serious in the future and thus begin to prepare for them. The described issues were selected by the Future Preparatory Committee.

○ Top 10 Issues

Among the issues that are considered to be the most important issues after a decade, Low Fertility & Super-aging Society, Social Inequality, Unstable Life of Future Generations ranked first, second, and third respectively. Other than the three issues, there are economic issues such as Job Insecurity and Low Growth & Shift in Growth Strategies, environmental issues such as Growing Cross-Border Environmental Impact and Climate Change, and political issues including the North and South Korean Problems. (see Figure 1)

○ Perception Gap on the Issues

There was no significant perception gap between generations on the importance of the 28 issues. However, a gender gap was recognizable. Women tended to believe that some issues like Multiculturalism and Change in Traditional Family System were more important than others while men did not.

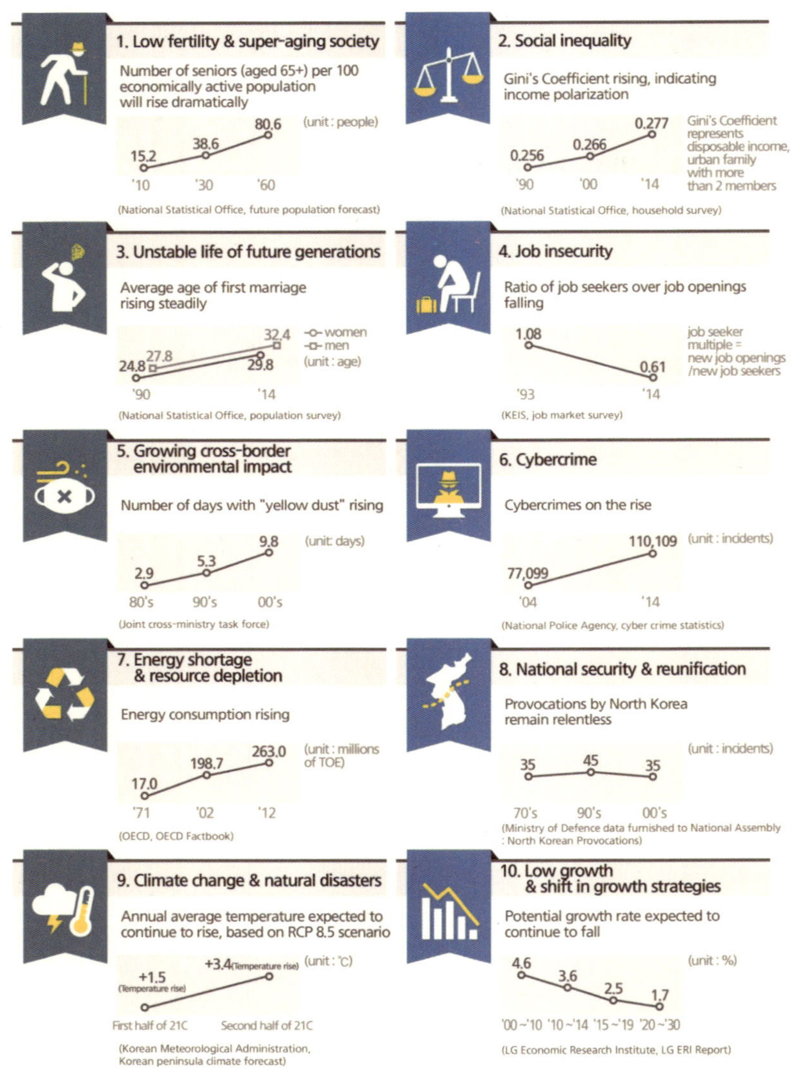

Figure 1: Top 10 Issues

○ Likelihood and Future Impact of the Issues

The analysis of the experts on the likelihood of the 28 issues occurring and their expected impact on our society showed that nine out of 10 issues, save for National Security & Unification, were estimated highly likely to occur and their impacts also were expected to be huge (see Figure 2). The likelihood of occurrence of National Security & Unification was estimated to be low, but its expected impact was great. Digital Economy and Hyper-connected Society were not included in the 10 most important issues, but these issues were considered highly likely to occur and to have great social impact.

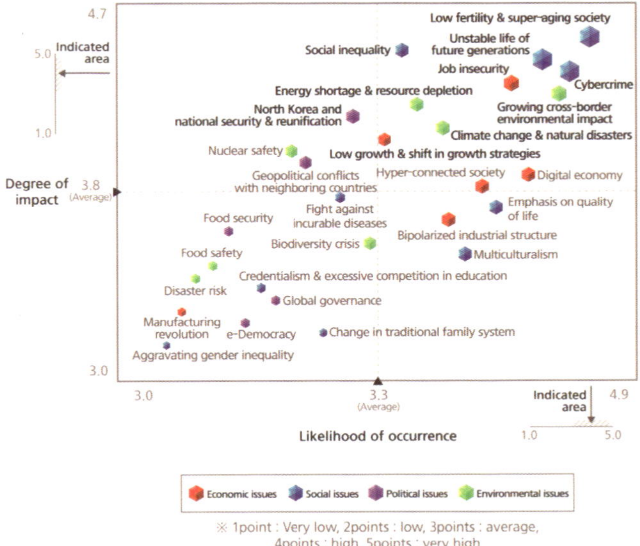

Figure 2: Likelihood of Occurrence and Degree of Impact of Future Issues

○ Interconnection among the Issues

Network analysis was used as a means to study the correlation among the 28 issues and Figure 3 was developed as a result. The figure shows that those placed at the center have more connection with other issues and the thickness of the lines shows how closely related those issues are to each other. The thicker the lines, the more related those issues are.

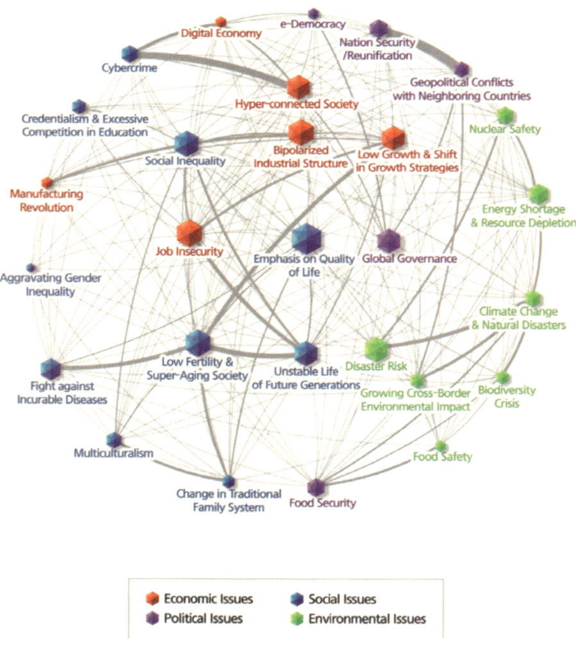

Figure 3: Interconnection Map of 28 Future Issues

The most connected issues are ①Emphasis on Quality of Life ②Job Insecurity ③Social Inequality ④Bipolarized Industrial Structure ⑤Low Fertility & Super-aging Society ⑥Hyper-connected Society ⑦Low Growth & Shift in Growth Strategies ⑧Disaster Risk and ⑨Global Governance in the order named. Distinctively, Emphasis on Quality of Life is low in importance and with less social impacts but it is the most connected issue. As issues with greater connection tend to have more and wider social impacts, a more comprehensive approach is required with due consideration of other related issues.

The following diagram shows how closely related some of the most connected issues such as Job Insecurity, Low Fertility & Super-aging Society, Social Inequality and some of the environmental issues out of the 10 most important issues including Climate Change & Natural Disasters, Energy Shortage & Resource Depletion are with other issues.

○ Interconnection between Issues and Key Technologies

Figure 4 was developed, based on network analysis, in order to visually display links between key technologies and issues. The issues placed at the center have a greater number of related key technologies than other issues. The more related the issues and key technologies are, the thicker the lines become. In addition, the key technologies connected with a higher number of issues tend to have larger nodes.

Issues closely related to science and technology were ① Manufacturing Revolution ②Disaster Risk ③Emphasis on Quality of Life ④Biodiversity Crisis ⑤Energy Shortage & Resource Depletion ⑥Fight against Incurable Diseases ⑦Low Fertility & Super-aging Society ⑧Bipolarized Industrial Structure and ⑨Low Growth & Shift in Growth Strategies in the order named. Moreover, the key technologies with a greater number of related issues were Artificial Intelligence, Big Data, and IoT. Artificial Intelligence, IoT, Genetic Engineering, GHG Reduction Technology, and Nuclear Energy Technology were taken as examples to explain how such key technologies are related to our future social issues.

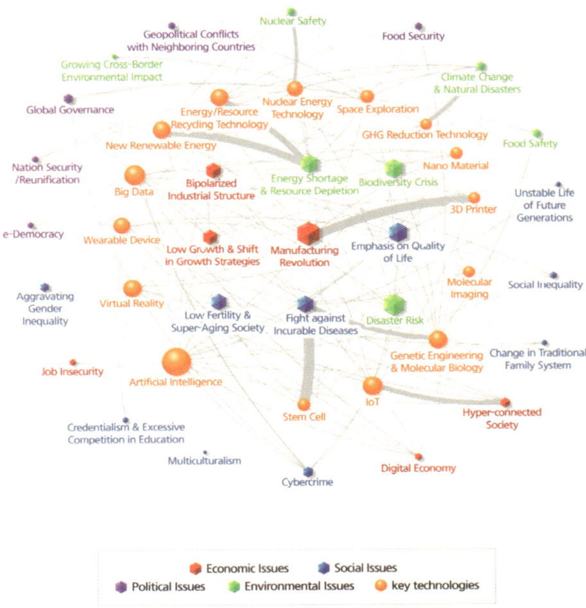

Figure 4: Interconnection Map of 28 Future Issues and Key Technologies

○ Policy Agenda Trends

This section looks into the government's policy agendas and responses to a set of major issues over the past 15 years to offer guidance for future policy formulation. Applying a big data analytics approach, policy agenda trends were analyzed using the National Knowledge Information System (NKIS) database of policy papers published over the past 15 years.

○ Energy Policy Agenda

Figure 5 shows the changes in the energy policy agenda from 2000 to 2014. In 2002, Korea could focus on "inter-Korean energy cooperation" rather than the supply itself thanks to the relatively stable supply of oil in the early 2000s. Over time, however, with rising oil prices and the introduction of the Kyoto Protocol, such topics as the "oil price shock (2004)," global response to climate change including "Intergovernmental Panel on Climate Change (2005)," environmentally-friendly "energy mix (2006)" for efficient energy supply, "smart grid and electric vehicles (2009)," and "new and renewable energy (2010)" gained more significance. After experiencing the rolling power outage in 2011, "energy efficiency (2011)" emerged as an important topic. Finally, with declining drilling prices driven by technological development, "shale gas (2013)" became one of the key policy agendas.

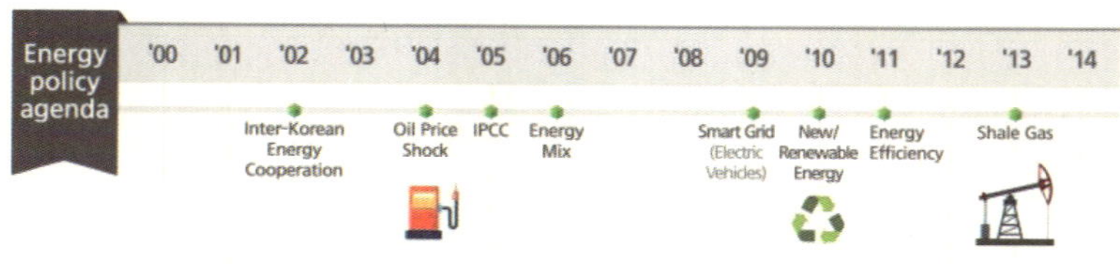

Figure 5: Changes in the Energy Policy Agenda

○ New Growth Strategy Agenda

Figure 6 shows the changes in the new growth strategy agenda from 2000 to 2014. As the limitations of a catch-up economic strategy became apparent in the 2000s, efforts began to transition the "Korean development model (2003)" into leadership economic growth by reinforcing internal capacities through the "Knowledge-based economy (2000)" or "Science and technology (2005)." These internal efforts were accompanies by attempts to externally extend Korea's economy via the "Korea-U.S. FTA (2007)" and the hosting of the "G20 Summit (2010)". Sustainability of economic development began to receive attention around 2010, fostering active policy research for "Green growth (2009)" that sought to use the reduction of greenhouse gases and related environmental regulations aligned with the Kyoto Protocols as new growth drivers. Sustainable development was expanded to include not only eco-friendly concepts but also the wider sustainability of an entire economic system. Agendas for shared growth such as "Ecosystemic development (2012)" have expanded and developed into a new model for economic growth that aims to achieve a sustainable economic ecosystem through the convergence of ICT and science and technology, culminating in the promulgation of the "Creative economy (2013)."

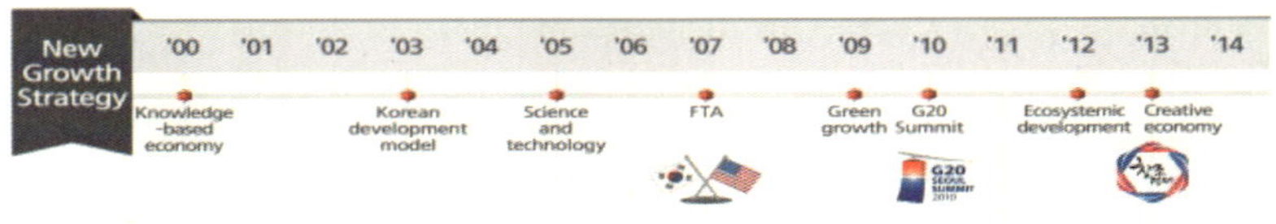

Figure 6: Changes in the New Growth Strategy Agenda

○ North-South Relations Agenda

Figure 7 shows the changes in the North-South relations agenda from 2000 to 2014. The overarching principle of "peace and trust" has defined both the Korean people's interest in the North-South relations issue as well as the evolution of Korea's policy agenda. The predominant policy agendas of the early 2000s were the "Engagement policy (2000)," "Northeast Asian cultural community (2004)," "North-South economic cooperation (2006)," and "Humanitarian aid (2009)." A string of provocations by North Korea, however, including the sinking of the Cheonan and the bombardment of Yeonpyeong Island shifted the policy from unilateral aid to a principled approach. As a part of this shift, "State normalization (2010)" was discussed as a policy agenda. Recently, ideas of a "Peaceful reunification (2011)" have developed into more specific discussion of "Reunification costs (2012)" and the "Reunification dividend (2013)," transitioning into the "Korean Peninsula Trust Process (2013)" that represent more realist policy agendas.

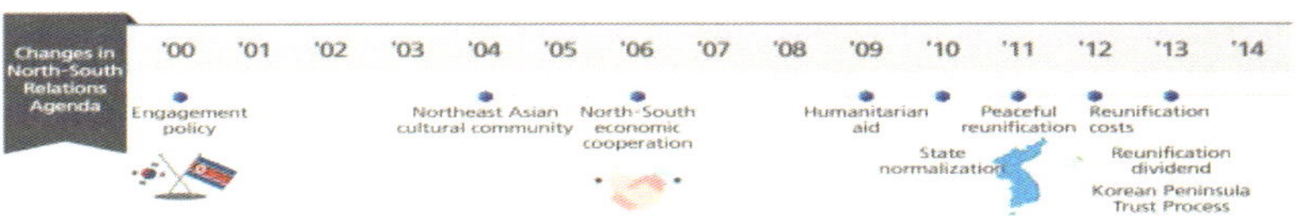

Figure 7: Changes in the North-South Relations Agenda

○ Media Keyword Analysis

The section also offers an insight into the general public's opinions and views on recent issues by analyzing the most frequently used words or phrases in social media and other materials[2].

— *Emphasis on Quality of Life*

The analysis revealed such keywords as wellbeing and leisure to be central when it comes to the issue of Emphasis on Quality of Life. This suggests a growing importance of effective policy response related to wellbeing and leisure in improving the quality of life.

— *Low Fertility & Super aging Society*

Korea's aged population reached 7% in 2000, and is expected to rise to over 20% by 2026. A strong interest in keywords related to

2) Media Keyword Analysis was performed using the media data and analytic tool from the ICT Future Strategy Center of NIA (National Information Society Agency) in Korea.

jobs has been identified in today's society marked by low fertility and super-aging population trends. These keywords include issues faced by the younger generation including "youth unemployment" and "temporary employment" as well as issues faced by the older generation such as "re-employment" and "employment extension." These keywords reflect the impact of jobs on the marriage and childbirth of younger Koreans and economic stability following retirement for older Koreans.

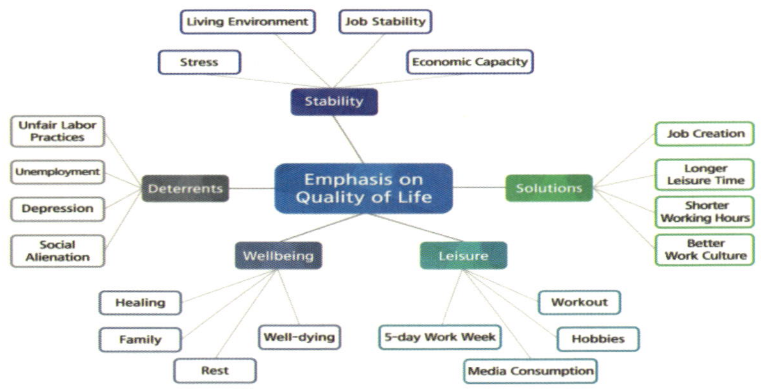

Figure 8: Media Keyword Analysis on the Issue of
Emphasis on Quality of Life

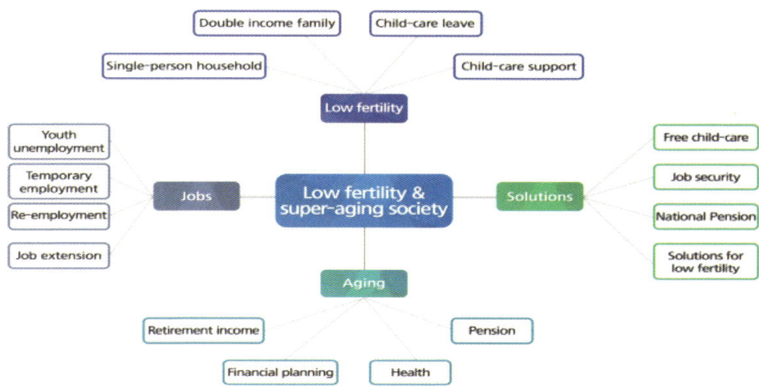

Figure 9: Media Keyword Analysis on the Issue of Low Fertility
& Super aging Society

○ Comparison with Global Issues

This section compared the future issues of global concern selected
by the World Economic Forum (WEF), Organization for Economic
Cooperation and Development (OECD), National Intelligence
Council (USA) with those selected by the Future Preparatory
Committee (see Figure 11).

—*Issues of Global Concern*

> Social Inequality, Job Insecurity, Cybercrime, Energy Shortage & Resource Depletion, Climate Change & Natural Disasters, Nuclear Safety, Geopolitical Conflicts with Neighboring Countries, Food Security, Disaster Risk, Biodiversity Crisis, Global Governance

The common global issues include economic and social issues such as Social Inequality, and Job Insecurity; and environmental and energy issues such as Energy Shortage & Resource Depletion, Climate Change, and Biodiversity Crisis. As the global economic instability continues, countries around the world see Social Inequality and Job Insecurity to be more important in the future. Energy Shortage & Resource Depletion, Climate Change & Natural Disasters, and Biodiversity Crisis are commonly selected as important environmental and energy issues as they require a globally coordinated response and influence every single country. Cybercrime and Nuclear Safety have also attracted global attention, as their impacts tend to easily spread across borders to neighboring countries.

— Issues of Great Concern in Korea

> Low Fertility & Super-aging Population, Growing Cross-border Environmental Impact, National Security and Unification Issues, Multiculturalism etc.

Issues of great concern in Korea include Low Fertility & Super-aging Population, Growing Cross-border Environmental Impacts, National Security & Unification Issues, and Multiculturalism. Low Fertility & Super-aging Population has emerged as one of the most urgent issues as Korea has one of the lowest birth rates globally and is experiencing a rapidly aging population. In addition, special circumstances on the Korean peninsula such as the inflow of yellow dust and fine dust, public anxiety over being exposed to radioactivity substances after the Fukushima accident and separation of the two Koreas have increased public concerns over the Growing Cross-border Environmental Impacts and National Security & Unification Issues. The inflow of foreign workers and increase in international marriage has promoted the Korean people's awareness on multicultural families and Multiculturalism itself though the trend emerged a little late in Korea than in western countries.

— *Issues of Global Concern, but not of as Much Concern in Korea*

Fiscal Crisis, Liquidity Crisis, Large-scale Terrorist Attack, WMD (Weapons of Mass Destruction)

Issues that gained global concern, but that are not of as much concern in Korea were fiscal crisis, liquidity crisis, large-scale terrorist attacks, and weapons of mass destruction (WMD). Issues of large-scale terrorist attacks and WMD are related to global security; however, it did not gain much attention from Korean citizens since they do not have a direct impact on Korea. Furthermore, it also shows the low possibility of global financial issues such as the fiscal crisis and liquidity crisis erupting in Korea.

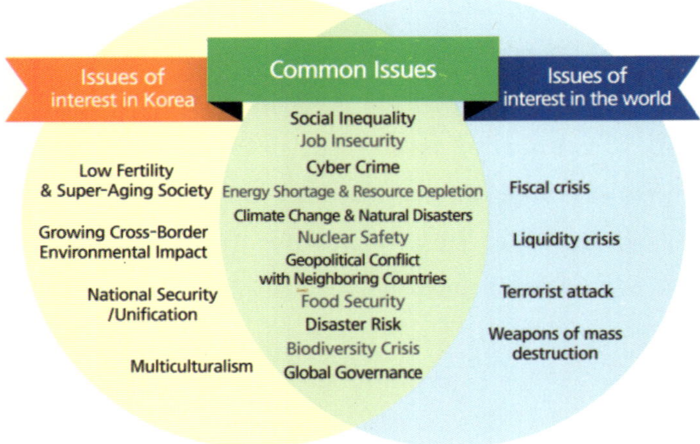

Figure 10: Comparison with Global Issues

— Global Comparison in terms of Likelihood and Impact

Furthermore, the difference in people's perception toward the likelihood and impact of the issues that are present both in the Global Risks report and this report was also compared by using the results of the perception survey in the Global Risk report in Figure 11. A total of eight issues were subject to comparison, for example, Social Inequality of this report was compared to Income Disparity of Global Risks and Climate Change & Natural Disasters to Failure of Climate Change Adaptation.

Of the eight, the perception gap between Korean and global respondents on the impact and likelihood of such issues as Climate Change and Natural Disasters, Food Security, and Biodiversity Crisis was narrow. On the other hand, the perceived impact of such issues as Social Inequality, Job Insecurity, and Cybercrime was significantly higher among Korean respondents.

The fact that the risk of Social Inequality was perceived to be of greater impact than others shows that Korean respondents are relatively more sensitive to inequality issues such as the widening wage gap. The wide perception gap on Job Insecurity shows that the members of Korean society are more sensitive to this issue.

The greater perceived impact and likelihood of the Cybercrime issue among Korean respondents can be partially attributed to the highly developed ICT infrastructure of the country. Many ICT-related industries are benefiting from such good infrastructure, but at the same time, reports of adverse effects are increasing as well. The lack of natural resources can be cited as the reason behind the concern over the Energy Shortage and Resource Depletion issue. The likelihood of Geopolitical Conflicts with Neighboring Countries was perceived to be lower among Koreans despite the ongoing confrontation with North Korea and the possibility of conflicts occurring among some northeastern Asian countries. It appears that Koreans perceive the likelihood of geopolitical conflicts occurring in its region to be lower since many have never felt the direct impact of such potential conflicts when compared to other frequently occurring regional disputes and conflicts.

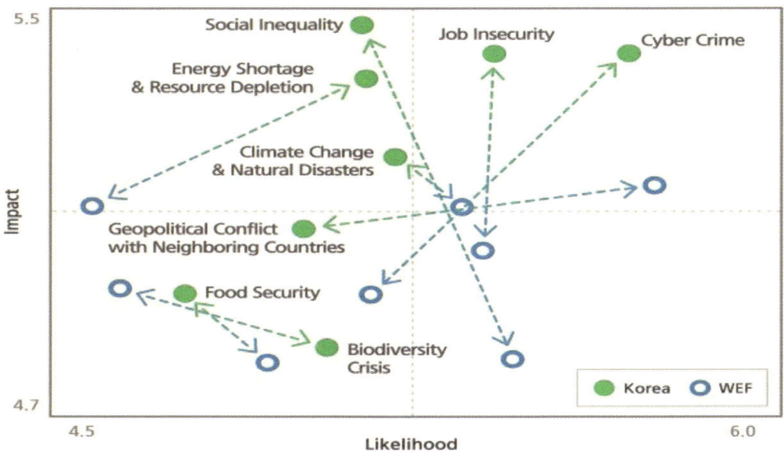

Figure 11: Perception Difference between Korean and Global Respondents

○ Issues Suggested by the Future Preparatory Committee

This chapter introduces additional future issues identified and selected by the Future Preparatory Committee. The Committee categorizes the issues into three areas (social and cultural changes, industrial and economic changes, and changes in life and environment) and offers its views and suggestions on each issue.

○ Future Plans

Based on this report, the Committee will select the two most interconnected issues and draw up a future strategy for addressing such issues. The strategy will explore comprehensive measures, using science, technology, and ICT.

10년 후 대한민국

이제는 삶의 질이다

10년 후 대한민국

/ 미래전략 보고서

이제는 삶의 질이다

초판 1쇄	2016년 2월 1일

지은이	미래창조과학부 미래준비위원회, KISTEP, KAIST, 대표저자 정재승
발행인	김재홍
디자인	박상아, 이슬기
교정 · 교열	김현경
마케팅	이연실

발행처	도서출판 지식공감
등록번호	제396-2012-000018호
주소	경기도 고양시 일산동구 견달산로225번길 112
전화	02-3141-2700
팩스	02-322-3089
홈페이지	www.bookdaum.com

가격	15,000원
ISBN	979-11-5622-145-6 13300

CIP제어번호	CIP2016002307

이 도서의 국립중앙도서관 출판예정도서목록(CIP)은 서지정보유통지원시스템 홈페이지(http://seoji.nl.go.kr)와 국가자료공동목록시스템(http://www.nl.go.kr/kolisnet)에서 이용하실 수 있습니다.